Le 13/12/97

P F A

Aux lectrices

Aborder cette période de notre histoire devrait paraître décalé face à l'actualité. Hélas celle-ci nous rappelle chaque jour que face au racisme, à l'antisémitisme il ne faut jamais baisser la garde.

Bien amicalement

Albert

Crédit photo : Corinne Thiphineau
(4ème de couverture)

Editions ALMA
8, Vieux Chemin de La Colle
06160 Juan les Pins
I.S.B.N.: 2-911178-03-3

Collection Mémoires Vivantes
I.S.S.N.: 1269-7672

Albert WILKOWSKY

De l'étoile jaune au drapeau rouge

Editions ALMA

*A mes parents,
à tous ceux qui me sont proches,
petits et grands.*

Préface

Un moment vient où chacun cherche à retrouver sa famille.

Pour Albert Wilkowsky c'est en juin 1994, à Lyon, au centre d'Information et de Documentation sur la Résistance et la Déportation, que cette quête a commencé.

Cette chronique d'un juif de Dantzig, petit-fils de rabbin, fils de tailleur, qui deviendra un militant communiste, nous conduit de 1933 à la fin des années 50 dans un monde que beaucoup n'auront pas connu et qui constitue pourtant une page de notre histoire collective.

L'apprentissage du français ; l'outrage de l'étoile jaune ; la déportation des parents ; la vie recluse des juifs cachés ; les placements successifs des enfants (même si, en l'occurrence, ils sont plutôt bien tombés) ; enfin, la conscience diffuse, lancinante que les parents ne reviendront pas ; autant d'étapes individuelles d'un destin collectif.

Avec la Libération vint la maturité. Et avec cette dernière l'apprentissage professionnel (tailleur, bien sûr) et l'éveil de la conscience politique. Est-il de plus grande affirmation de l'universalité que cette phrase du chapitre XXI : « *Ce droit que je considérais légitime pour les Juifs, me paraissait aussi valable pour les peuples qui se battaient pour reconquérir leur indépendance* ».

C'est là que se situe le premier choix du jeune Albert. Juif, il l'est et veut l'être. Mais laïc et progressiste. Emigrer en Israël à l'appel de l'Hachomair Atzair, au pays des kibboutz, oui ! Mais aller à la synagogue, alors là, vraiment non. Se battre contre ceux qui le traitent de « *sale juif qui venait manger le pain des Français* ». Oui, évidemment oui. Mais affirmer qu'il faut « *chasser les sales arabes* (qui se sont) *installés sur nos territoires* », non, décidément non !

Albert n'ira pas en Israël. Il ne partira pas non plus pour Los Angeles. Rêve vite évanoui. Reste la réalité, celle de l'orphelinat et de l'altérité, celle du regard de l'autre, de l'antisémitisme omniprésent qui déterminera largement l'engagement politique. L'autre motivation qui a poussé nombre d'hommes et de femmes vers le Parti communiste, c'est la guerre d'Algérie. Elle sera pour beaucoup dans cette alchimie complexe qui conduit un jeune homme à devenir un militant politique. Il fallait un déclic, ce sera « *le coup d'Etat de 1958* ».

Albert Wilkowsky aurait pu être un kibboutznik ; sa vie aurait pu être celle d'un juif aisé de Los Angeles ; las, ses motivations les plus profondes qui le ramènent toujours à la lutte pour les droits et la dignité de l'homme en ont fait un militant politique. C'est vrai du combat contre le racisme et l'antisémitisme ; c'est vrai aussi de celui qui le dresse contre le colonialisme.

Aujourd'hui, Albert Wilkowsky reste engagé dans ces batailles jamais définitivement gagnées. Membre du P.C.F., ses convictions profondément enracinées ne l'empêchent pas d'être ouvert aux autres et de travailler avec une fidélité sans faille à côté des alliés qu'il s'est choisi. Il est de ceux qui comprennent les évolutions du monde, tracent des voies pour l'avenir et font avancer les organisations.

C'est qu'il est devenu un homme et l'histoire qu'il nous conte est celle de la métamorphose d'un enfant à la détermination subie (l'étoile jaune) en un homme à l'engagement choisi (le drapeau rouge). Subie ne veut pas dire rejetée, effacée, honteuse. Loin de là, Albert Wilkowsky est juif et le revendique avec force et tendresse. Car ce livre est aussi un livre tendre. La sensibilité de l'auteur affleure à toutes les pages lorsqu'il parle de ses parents, de ses frères, des familles qui l'ont recueilli. Et tout au long de ces lignes se noue une tresse qui mêle la culture juive, la conscience politique et la pâte humaine.

La lecture terminée, une question demeure. Que reste-t-il du juif sous le communiste ? Ceux qui connaissent Albert Wilkowsky aujourd'hui savent que la réponse est complexe mais finalement pas tellement surprenante. La volonté même d'écrire ce livre en atteste.

Chaque lecteur aimera ce livre à sa manière. La mienne est de ressentir à chaque page, malgré une histoire personnelle différente et des choix parfois divergeants, une communauté de destin qui s'appelle la fraternité.

Dominique Strauss-Kahn
Maire de Sarcelles
Ancien ministre

Avant-propos

Juin 1994, Lyon : je découvre le Centre d'Information et de Documentation sur la Résistance et la Déportation. Ce Centre mérite bien plus qu'une simple visite en passant. Tous ceux qui souhaitent connaître, découvrir ou approfondir ces tristes et glorieuses pages d'histoire, devraient s'y arrêter.

Ce Centre vaut pour l'authenticité des documents qu'il offre à ceux qui cherchent à savoir, à ceux qui cherchent à discerner la vérité entre les témoignages qu'ils ont pu entendre et lire et le flot des thèses révisionnistes d'abord distillées et plus largement déversées ces dernières années.

Ils sont trop peu nombreux, les rescapés des camps d'extermination nazis, à avoir témoigné jusqu'ici. Par pudeur pour beaucoup, par crainte de faire pleurer Margot avec des « histoires d'anciens combattants ». Par crainte aussi de ne pouvoir raconter l'inracontable d'une histoire de France pas ou peu enseignée dans les établissements scolaires.

Mais mon propos n'est pas d'écrire la tragédie de la déportation et des camps, car je n'ai été ni arrêté, ni déporté. Il n'est pas non plus d'écrire l'Histoire avec un grand H. J'en suis bien incapable et je laisse ce soin aux historiens, aux vrais.

Ces lignes n'ont d'autre prétention que de relater la vie d'un enfant de déportés, brutalement séparé de ses parents disparus dans l'inconnu, et de prolonger ainsi la mémoire de ces êtres et de ces événements afin que nul ne les oublie.

En ce jour de juin 1994, la réalité, simple et douloureuse, allait surgir du grand registre que ma femme Monique avait ouvert : « Wilczkowski Mordko et sa femme Chaja, née Oppenheim » figuraient en toutes lettres, répertoriés sur deux lignes, l'un suivant l'autre, dans la liste des hommes et femmes ayant quitté Drancy pour Auschwitz par le « Convoi numéro 12 en date du 29 juillet 1942 ». 730 femmes et 270 hommes, âgés pour la plupart de 36 à 54 ans, tous en provenance de la région parisienne. Cette liste présentait leurs noms, prénoms, dates et lieux de naissance, nationalités, adresses et professions.

*

Un télex daté de ce même 29 juillet 1942, rédigé par le SS Heinrichsöhn et signé par le chef de la Section anti-juive de la Gestapo Röthke, annonce le départ de ce convoi. Il est adressé à Eichmann, à Berlin ; à l'inspection des camps de concentration, à Orianenbourg ; et au camp d'Auschwitz. Il précise l'heure du départ de la gare du Bourget-Drancy, 8 h 55, sa destination, Auschwitz, ainsi que le nombre et la qualité de ses passagers, un millier de juifs.

*

Cette liste était constituée de 5 sous-listes :

1. Une liste numérotée de 1 à 1 000, dont 152 noms barrés, soit 848 partants.
2. Une liste « R » (réserve) : 122 noms, dont 18 barrés, soit 104 partants.
3. Une liste complémentaire de 6 noms de volontaires.
4. 10 « internés » faisant partie de ce convoi du 29 juillet.
5. 36 « volontaires » pour le départ.

Parmi ces déportés, étaient recensés : 622 polonais, 180 russes, 85 indéterminés, 36 allemands, 34 tchèques, 18 autrichiens, 7 yougoslaves, 4 apatrides, 3 turcs et 2 français.

A leur arrivée à Auschwitz, le 31 juillet 1942, les hommes reçurent les matricules 54 153 à 54 442. Des 730 femmes, 514 furent sélectionnées pour le travail sous les matricules 13 320 à 13 833. 216 furent immédiatement gazées.

*

A notre connaissance, des quelque mille déportés de ce convoi, cinq ont survécu et sont rentrés en 1945.

*

Juillet 1942, juin 1994 : depuis près de cinquante-deux ans que mes parents étaient partis, je les retrouvais là, à Lyon. Deux simples et toute petites lignes les rapprochaient de moi.

Je les retrouvais grâce au louable travail accompli par ceux qui se sont attachés à rassembler, dans un volume de plusieurs dizaines de pages, les états civils de celles et ceux qui sont partis de Drancy pour une destination inconnue, un destin sans retour pour le plus grand nombre ou un destin marqué à jamais pour ceux qui en reviendraient.

Certes, je connaissais l'existence de ce document bien avant ce jour de juin 1994, mais il aura fallu que mes yeux découvrent deux noms inscrits sur une longue liste pour que la vie de mes parents reprenne forme, pour qu'ils sortent de l'anonymat (légitime) d'un tragique recensement. Je retrouvais ces êtres chers pour « mieux » les perdre. Leur mort « secrète » avait duré plus d'un demi-siècle, leur mort réelle se résumait en deux lignes, mais ils étaient enfin là.

Quelle a été leur vie au cours de leur long calvaire ? Après leur arrestation, combien de semaines, de mois ou d'années à souffrir dans leurs corps et leurs esprits, en pensant au sort de leurs enfants restés quelque part en France, ou ailleurs : étaient-ils encore vivants ?

Il est difficile d'imaginer ce qu'ils ont vécu car leur aventure tragique relève de l'impensable. Ils devaient disparaître de la surface de la terre parce qu'ils étaient juifs, tandis que l'ensemble du continent européen connaissait le plus monstrueux génocide de son histoire.

Un crime élevé au rang de politique d'Etat, mûrement prémédité, organisé avec méthode, scientifiquement planifié. Dans toute leur horreur, les thèses hitlériennes nazies ont été appliquées froidement, cyniquement exécutées, et elles ont trouvé des prolongements complices en France même, où leur écho s'est très largement propagé.

Un texte officiel illustre cette triste réalité : il s'agit de la traduction d'un extrait du document XXV B-96 du 28 juillet 1942, rédigé et signé par le chef de la Section anti-juive de la Gestapo, qui témoigne du resserrement de la coopération entre Vichy et les nazis dans la mise en oeuvre de la déportation des juifs de France.

« IVJ - SA - 225A. Paris le 28.7.1942.

Objet : Déportation des juifs des zones occupées et non-occupées de France selon le plan de déportation communiqué par l'Office Central de la Sécurité du Reich, il convient de mettre en marche à Drancy pour le restant du mois de juillet et pour le mois d'août les trains suivants de juifs : 29/7 - 31/7 - 3/8 - 5/8 - 7/8 - 10/8 - 12/8 - 14/8 - 17/8 - 19/8 - 21/8 - 24/8 - 26/8 - 28/8 - 31/8. Il convient donc de faire partir au mois d'août 1942, 13 convois de juifs au total. Selon un renseignement datant d'hier, le matériel de transport nécessaire est mis à la disposition de la direction des Transports de Paris pour l'ensemble des trains du mois d'août. En effet, comme par le passé, des wagons de marchandises allemands peuvent être pris pour la déportation.

Le 27 juillet 1942, le Secrétaire Général de la Police Française dans le territoire occupé, Leguay, s'est présenté à moi et m'a fait savoir que le gouvernement français était prêt à mettre à notre disposition, pour commencer, les juifs se trouvant dans les camps de la zone non-occupée, aux fins de déportation en Allemagne. Il s'agirait en l'occurrence de 3.400 juifs. Après nous avoir livré ces juifs, le gouvernement français aurait l'intention d'interner aussitôt d'autres juifs apatrides en zone non-occupée afin de les remettre pour la déportation en Allemagne.

Après entente avec la direction des transports de la Wehrmacht, j'ai fait savoir à Leguay, le soir du

27 juillet, que les trains des juifs devaient d'abord être
acheminés sur Drancy (il est impossible de faire des
entorses au plan précis de transport convenu entre le
RSHA et le Ministère des transports du Reich, ainsi
qu'aux horaires). Les juifs de zone non-occupée devront
en conséquence être évacués en concordance avec le
plan des trains partant de Drancy... »

En partant de Drancy, mes parents avaient tiré le gros
lot, sans savoir qu'à cette sinistre loterie les Pétain,
Leguay, Bousquet et consorts allaient les faire bénéfi-
cier d'un billet sans retour.

Ce sont ces deux lignes du grand registre de Lyon
qui m'ont déterminé à redonner un visage à mon père
et à ma mère, à leur redonner un peu de vie, pour autant
que ma mémoire le permette et en restant le plus fidè-
le possible aux portraits que j'ai d'eux.

Car il fallait qu'ils soient autre chose que ces deux
lignes, que je les sorte de ce répertoire pour qu'ils retrouvent, paradoxalement, leur identité.

Je ne saurai sans doute jamais dans quelles conditions leur existence s'est terminée. Eux n'auront jamais
su comment leurs fils Henri, Albert et Maurice, ont traversé la période qui va de leur arrestation à la fin de la
guerre. Comment aussi cette tranche de vie, ces quelques
années ont amené progressivement deux de leurs trois
fils à rejoindre, comme de nombreux juifs originaires
d'Europe Centrale, le Parti Communiste Français.

Contre tous les nostalgiques avoués de cette période
pétainiste, il fallait que je rassemble ces souvenirs. Il
fallait que je rende à mes parents et à toutes les victimes
des tortionnaires, un sens à leur vie.

*

Si les rescapés des camps de la mort ont trop peu témoigné de leur calvaire, j'ai le sentiment que l'on connaît encore moins les enfants de déportés, leurs réactions face à la disparition des leurs, les protections dont ils ont bénéficié et leur évolution face aux événements qui les désignaient comme victimes potentielles.

De tous les enfants que j'ai connus à Versailles, à La Varenne, chacun a sa propre histoire, chacun pourrait raconter le parcours qu'il a suivi pour être encore là aujourd'hui.

D'eux, on ne parle pas ou peu. Tous auraient à dire et à écrire mais, par pudeur, ils n'osent pas se raconter, sauf en de rares occasions. C'est pourquoi aussi j'ai voulu témoigner : pour contribuer, même modestement, à rompre cette sorte de mur du silence qui entoure la vie des enfants de déportés.

*

Ces mémoires sont enfin une forme d'hommage que je veux rendre à Monsieur et Madame Gaston Campos et à tous ceux de leur trempe.

Ils n'étaient peut-être pas des Résistants au sens où l'histoire le retient, mais, à leur façon et à leur place, ils ont su nous préserver du pire, mes frères et moi. Le rôle qu'ils ont joué, la responsabilité qu'ils ont prise et la situation qu'ils ont assumée les placent au premier rang de ceux qui méritent de sortir de l'ombre. Et quels autres que les enfants d'alors peuvent le mieux témoigner de cette réalité ?

Même si la modestie de Monsieur Gaston devait en souffrir — Madame Campos est décédée il y a quelques années — c'est bien à lui et à sa femme que je dois de pouvoir écrire aujourd'hui cet itinéraire « de l'étoile jaune au drapeau rouge ». Cet hommage peut paraître tardif. Il l'est, sans doute ! Mais pour moi, le nombre des années ne peut que donner plus de valeur à l'hommage que je leur rends.

Lorsqu'il me présentait à ses amis, Monsieur Gaston le faisait toujours ainsi : « Je te présente mon copain Albert. Je l'ai connu tout petit, il est devenu mon copain et c'est comme ça depuis ! »

Evoquer son rôle et celui de sa femme, c'est aussi ma façon à moi, tout aussi simple et évidente, de parler de mon copain, « Monsieur » Gaston.

Tous les noms et prénoms qui figurent dans les pages qui suivent sont ceux de personnes aujourd'hui décédées ou de personnes qui m'ont autorisé à les citer.

I

Assis sur les lits du deuxième étage dans la chambre des grands, à l'orphelinat où nous avions été placés en cette fin septembre 1944, chacun attendait son tour pour écouter, quelques instants, les informations du jour. Les grands étaient ceux de treize ans, quatorze ans, et plus. Avec mes douze ans, j'étais à peine un moyen-grand mais, grâce à la protection de mon frère Henri de deux ans mon aîné, j'avais le privilège d'accéder à leur chambre. Apprendre les choses du monde, en particulier l'évolution de la situation militaire sur le front de l'Est, c'était pour nous comme une nécessité. Sur ce qui se passait à l'Ouest, nous avions la journée pour nous informer.

Tous les soirs, les grands mettaient en route le poste à galène qu'ils avaient fabriqué. Comment s'étaient-ils procuré le matériel ? Peu importe ! Toujours est-il qu'il fonctionnait, difficilement, mais il fonctionnait, et c'était l'essentiel. Bien que pressés de savoir, nous devions faire preuve de patience. Il n'y avait à notre disposition qu'un seul casque d'écoute.

Il fallait beaucoup de doigté pour parvenir à capter « Radio Moscou » et un silence total dans la chambre pour pouvoir écouter et surtout entendre les informations. Même avec les écouteurs bien collés aux oreilles, le son qui nous parvenait était faible et chargé de parasites. A tour de rôle, chacun relatait ce qu'il venait d'entendre, à voix basse, pour ne pas gêner l'auditeur qui venait de reprendre le casque.

Sans doute, l'environnement adulte et l'ambiance générale de cette période expliquent que des gamins aient été ainsi pendus aux nouvelles qui pouvaient leur parvenir de cette partie de l'Europe. Mais nous pressentions aussi que notre sort était directement lié à celui de l'Armée Rouge. Ses succès sur les boches, ses avancées nous faisaient chaud au cœur. Nous étions heureux dès qu'une nouvelle défaite allemande était annoncée. Le moindre revers de l'Armée Rouge, le moindre retard dans son offensive nous inquiétaient. Plus rapide serait l'avancée des troupes soviétiques, plus rapide serait leur jonction avec les armées alliées de l'Europe de l'Ouest et plus vite la guerre prendrait fin.

C'était devenu un rituel et un besoin pour nous, d'être à l'écoute des événements militaires du front de l'Est.

En effet, si nous pouvions espérer revoir nos parents de retour des camps de concentration, dont nous connaissions l'existence sans savoir encore ce qui s'y passait, ce ne pouvait être que par la victoire des Soviétiques sur la Wehrmacht.

Notre famille ne se serait cependant pas retrouvée au complet puisque, entre leur arrestation et leur retour espéré, notre frère cadet Maurice était décédé.

Ce retour ne faisait pas l'ombre d'un doute car il était impossible d'imaginer l'impensable. Ce retour mettrait fin à une trop longue absence, une trop longue séparation. Près de deux ans et demi déjà ! Les événements étaient allés vite qui, dès le début de l'année 1940, avaient fait basculer une multitude de vies.

Ils sont trop nombreux ceux qui, depuis quelques années et singulièrement ces dernières, s'acharnent à prôner le révisionnisme de cette sinistre période de l'histoire.

Que ce soit sous la forme brutale d'un Le Pen et son « un détail de l'histoire » lorsqu'il évoque les chambres à gaz, ou d'une tentative de banalisation de Vichy lorsqu'on va fleurir la tombe du Maréchal-traître Pétain pour honorer sa mémoire, les moyens sont divers mais les objectifs paraissent trop identiques.

L'année 1994 est une page d'anthologie de ce point de vue. Dans le même temps qu'était célébré, à juste titre, le cinquantième anniversaire du débarquement allié sur les côtes normandes, l'Etat faisait défiler au nom de la réconciliation, des détachements de l'armée allemande sur les Champs-Elysées, le 14 juillet de surcroît.

Naturellement, ces jeunes de « l'Eurocorps » ne sont pas responsables des crimes de leurs aînés, ils ne sauraient être comptables de ce qui s'est passé il y a cinquante ans. Néanmoins, quand nous les avons vus défiler sous leurs uniformes et avec leur matériel frappés de la trop sinistre « Croix de Fer », le mal s'est réveillé. Certes, ce n'était pas la première fois qu'il se réveillait car nous étions témoins, depuis des années, la mort dans l'âme, des relations suivies par le chef de l'Etat français avec les principaux responsables de la rafle du Vel'd'Hiv. Il faut une sacrée dose de naïveté pour s'abriter derrière l'ignorance ! Cet argument ne tient pas.

Dans cet éventail, faut-il évoquer aussi ceux de ces anciens déportés qui paraissent gênés aux entournures lorsqu'ils évoquent leur libération des camps de la mort, parce qu'ils la doivent aux soldats de l'Armée Rouge, l'armée du pays de la première révolution socialiste. On a pu aussi en entendre qui, fustigeant la barbarie, n'étaient même plus capables de la qualifier, comme si le mot « nazi » s'était évaporé dans la nature, ne faisait plus partie de leur vocabulaire.

Ils sont décidément trop nombreux tous ceux qui, au nom de la nécessaire fraternisation entre les peuples hier ennemis, cherchent à gommer ce que furent précisément les nazis, Hitler, le gouvernement collaborationniste de Pétain et les hommes de main de sa milice. Nous ne pouvons laisser faire et dire sans réagir. Même modestement, nous avons le devoir de témoigner pour que plus personne ne puisse dire, comme cela est trop souvent le cas : « Hitler ? Connais pas ! »

Entre des parents communistes, un beau-frère décoré de la Francisque par Pétain et ami de Bousquet, la situation ne doit pas être très simple à vivre. Voilà un beau sujet de dossier et d'énigme à élucider pour les enquêtes du commissaire Navarro dans le genre : « Tonton, dis-moi qui tu fréquentais, pour savoir qui tu étais ». Ou bien encore : « Les amis de Tonton sont souvent mes ennemis ».

II

L'HISTOIRE de notre famille est celle de petites gens de Dantzig, devenues les victimes trop régulières de descentes antisémites et qui ont dû fuir la Pologne, dès 1933, après l'accession de Hitler au pouvoir en Allemagne.

Nous avions donc quitté cette ville avec nos parents, mon père abandonnant son échoppe de tailleur, pour nous réfugier en France, comme des milliers d'autres familles juives. Paris serait désormais notre point d'attache.

Notre père était russe, notre mère polonaise. Mon frère et moi sommes tous deux nés à Dantzig, la ville que nous venions de quitter.

Ce que nous savons d'eux se résume à peu de chose : notre mère était fille de rabbin et nous ne connaissons rien de la famille de notre père. Ce qui est sûr, c'est que tous deux étaient athées.

La France a été, comme elle sait l'être encore, terre d'asile et de salut pour tous ceux qui devaient s'exiler de Pologne, notamment à une époque où l'antisémitisme y était érigé en politique d'Etat. Nous y étions, nous les juifs, désignés comme les responsables des malheurs du monde. Hitler allait nous le faire payer cher, Pétain le suivrait dans sa folie meurtrière.

Je n'avais pas encore un an révolu lorsque nous nous

sommes installés au 101 de la rue du Faubourg-du-Temple, à Belleville. Dès notre arrivée, nos parents se sont mis au travail. Mon père, tailleur sur mesure, travaillait à façon pour des magasins et commençait, parallèlement, à se constituer sa propre clientèle.

C'était un très bon tailleur, il travaillait vite et bien, n'hésitant pas à prendre l'initiative de rectifier les erreurs de coupe. Les façonniers ne prenaient que très rarement de telles responsabilités. Il faut dire aussi, qu'à l'instar de nombreux immigrés comme lui, les heures de travail ne comptaient pas, qu'elles soient de jour ou de nuit. Ma mère, outre qu'elle s'occupait de ses deux bambins et des travaux du ménage, aidait son mari pour les finitions et assurait les livraisons.

Les dimanches après-midi étaient consacrés à la découverte de Paris, des grands magasins et de leurs vitrines, aux visites à la famille et aux amis qui avaient suivi ou précédé nos parents de Pologne en France. Tout se passait plutôt bien, normalement, comme dans la plupart des familles. Nous ne devions pas nous distinguer beaucoup des foyers populaires du quartier, qu'ils soient français ou étrangers.

Avec le temps est venu celui de notre scolarisation, d'abord à l'école maternelle puis à l'école communale de la rue Saint-Maur. L'apprentissage du français ne nous posait aucun problème : il était rapidement devenu notre langue de communication privilégiée, même si mon frère Henri s'exprimait presque exclusivement en allemand à notre arrivée en France. Nous continuions toutefois à parler le yiddish avec nos parents.

Avec la langue française, nous commencions aussi à nous familiariser avec des formules du genre : « Les

Vacances à Brunoy, septembre 1935.

polacs viennent manger le pain des Français ! » Mais au total tout cela n'allait pas bien loin. Tout s'arrangeait avec quelques coups et quelques gnons. Quant aux réflexions antisémites, nous en avons eu si peu à subir que cela ne vaut même pas la peine de les évoquer.

Les grandes vacances venaient régulièrement rompre le rythme travail-école. Nous les passions en alternance, une année à Brunoy, une année à Noisy-le-Grand où notre père venait nous rejoindre chaque fin de semaine.

Nous avons vécu avec nos parents quelque sept années de tranquillité. Le ciel de France était serein, mais les turbulences n'allaient pas tarder à s'annoncer et elles seraient plus qu'atmosphériques.

III

LES AFFAIRES de mes parents allaient plutôt bien puisque nous avons quitté rapidement notre premier logement devenu trop petit pour emménager dans un appartement digne de ce nom. Oh ! nous ne sommes pas partis bien loin. Nous restions à Belleville. Du 101 du Faubourg du Temple, nous sommes passés au 129, dans un immeuble proche de la place.

Le fronton du porche, en arc de cercle, arborait cette inscription : « Cour de la Grâce de Dieu ». Cela ne s'invente pas ! Et pourtant, rien de biblique à l'origine, simplement la fantaisie du propriétaire qui l'avait ainsi « baptisé » en mémoire du succès de la pièce « La Grâce de Dieu » ! Il était à l'époque directeur du théâtre de la Gaîté.

Nous habitons, au fond de cette vaste cour, un quatre pièces suffisamment spacieux pour que chacun y trouve sa place. Une petite cuisine, un débarras, une chambre que nous partagions Henri et moi, l'atelier de notre père qui servait de salle à manger en semaine et enfin, une dernière pièce pour les repas de famille.

Le long couloir qui desservait l'appartement avait donné l'idée à nos parents d'y installer une balançoire. Louable intention qui allait assurer une partie de nos loisirs ! C'était à qui de nous et de nos copains arriverait à se balancer assez fort pour laisser l'empreinte de ses chaussures sur le plafond du couloir et même celui de la salle à manger. Au rythme où nous allions, il avait bientôt fallu nous déchausser. C'était toujours amusant mais beaucoup moins drôle.

La cour de la « Grâce de Dieu » avait des attraits qui en faisaient une aire de jeux privilégiée. Les escaliers, les coins et recoins n'avaient plus de secrets pour nous. Mais ce n'était pas une sinécure pour les parents qui cherchaient à faire rentrer leurs rejetons à la maison. Il y avait aussi, un peu partout en rez-de-chaussée, des ateliers d'artisans qui attiraient notre curiosité. Serruriers, menuisiers, ferronniers, tapissiers, etc., les métiers les plus divers étaient représentés, mais c'était l'atelier de verres d'optique pour appareils photos, lunettes et autres loupes qui avait notre préférence. Il se trouvait juste en face de notre escalier et nous avions souvent le nez collé aux vitres pour regarder les ouvriers travailler, leurs mains tourner et modeler les verres, toujours trempées dans une espèce de boue rougeâtre.

Toute cette diversité constituait notre petit royaume. Nous connaissions tout le monde. Tout le monde nous connaissait. Il pouvait difficilement en être autrement, car nous passions outre à l'interdiction de jouer dans la cour et échappions toujours à la vigilance du concierge pour occuper « notre » territoire. C'était le Paris populaire au sens le plus noble du terme et je comprends que l'on puisse se prendre à regretter ce qui faisait de ces quartiers de petits villages à part entière.

En somme, nous vivions dans le meilleur cadre possible pour devenir de vrais titis parisiens, nous en connaissions le vocabulaire et les gestes éloquents qui nous faisaient gagner en assurance. Ainsi, un jour que mon père m'avait adressé un reproche, je ne sais plus à quel propos, je lui ai répondu — comme il se devait — par un bras d'honneur que j'ai aussitôt regretté. Je devais avoir six ou sept ans et j'étais conscient d'avoir « mordu le trait ». La réaction de mon père a été immédiate, la mienne aussi. Son sang n'a fait qu'un tour et lui n'a fait qu'un bond de sa table de travail. Quant à moi, j'ai cru devoir mon salut à la poudre d'escampette. Un salut de courte durée, quelques tours autour de la table de la salle à manger, qui devaient se terminer par une fessée mémorable. C'est d'ailleurs la seule dont je me souvienne vraiment. Tout compte fait, j'aurais préféré en avoir d'autres ensuite, car mon père aurait été là pour me les donner.

Notre cercle de famille s'est agrandi le 21 juin 1938, avec la naissance de notre frère Maurice.

Mes parents travaillaient toujours autant, la clientèle personnelle de mon père augmentait régulièrement, ce qui l'avait amené à réduire le travail à façon. Il nous avait aussi constitué une belle garde-robe, tous nos costumes sortaient de ses mains.

Je le vois encore, assis en tailleur sur la vaste table de travail où il cousait. Il n'en descendait que pour couper ou repasser. Quand il s'agissait pour nous de passer à l'essayage, ce n'était pas vraiment une séance de plaisir car il ne fallait pas bouger. Nous étions soulagés quand arrivait le tour de l'autre.

En fait nous vivions comme des millions d'autres foyers, avec ses hauts et ses bas mais, s'il y avait des bas chez nous aussi, cela ne nous a pas précisément marqués, ni mes frères, ni moi.

Je ne saurais dire où se situaient nos parents politiquement. La seule information que j'ai pu avoir à ce sujet, sans d'ailleurs la chercher, remonte assez loin après la guerre. Des voisins, immigrés hongrois, qui les avaient connus et fréquentés, m'ont affirmé qu'ils étaient de sensibilité communiste. Si c'était le cas, tant mieux ; cela ajoute à ma fierté et à l'image que je garde d'eux.

Le souvenir d'un défilé où mes parents nous avaient amenés, à l'époque du Front Populaire, pourrait confirmer ce témoignage.

Je garde ce jour en mémoire comme si c'était hier : il faisait beau, nos parents nous avaient habillés de neuf, mon frère Henri et moi, culottes courtes et chemises blanches. Mais j'ai le sentiment que ce qui nous distinguait surtout, c'étaient les cravates que nous n'étions pas peu fiers d'arborer. Pour la circonstance, notre père nous les avait taillées dans un tissu d'un rouge aussi éclatant que celui du drapeau rouge ! Avec le recul, je pense qu'ils avaient effectivement choisi leur camp.

De ces premières années à Paris, je ne conserve pas de souvenirs majeurs autres que ceux que je viens d'évoquer. Les gens heureux n'ont pas d'histoire dit-on ! Nous avions comme tous les autres une famille, des parents, des amis, les promenades aussi aux Buttes-Chaumont. Pour ce qui nous concerne, nous partagions avec des copains autant les jeux que les coups pendables, à l'école comme dans notre cour, voire dans le métro où les côtés des escaliers roulants nous servaient de toboggans. Nous allions aussi jouer au foot dans l'espèce de terrain vague qui faisait l'angle des rues Parmentier et Faubourg du Temple. Le canal Saint-Martin faisait également partie intégrante de notre territoire.

Je n'étais pas un élève brillant. L'école n'était pas

ma tasse de thé. Je me situais toutefois dans la moyenne, juste ce qu'il fallait pour éviter les redoublements. Tout allait donc plutôt bien.

IV

PARALLELEMENT à cette vie familiale sans histoires, les événements et la situation politique devenaient critiques. Nous étions en 1939.

Quelquefois, en général le samedi en soirée, notre père nous emmenait à des réunions au bord du canal Saint-Martin, dans un bâtiment à l'entrée du Quai de Valmy. Il y avait toujours plein de monde et on y discutait beaucoup. J'étais encore trop jeune pour comprendre mais je ressentais la gravité ambiante.

En tout état de cause, si mes parents suivaient les événements de près car ils craignaient un retour des pogroms qu'ils avaient connus en Pologne, ils n'en laissaient rien paraître. C'était sans doute leur façon de nous protéger. Bien sûr nous étions juifs, sans très bien savoir ce que cela signifiait puisque nous n'étions jamais allés à la synagogue, avec ou sans eux. Je ne me souviens même pas si mes parents jeûnaient le jour du Grand Pardon. Aucun signe, aucun objet de culte dans notre maison qui puisse nous donner quelque sentiment d'appartenir à un groupe religieux. Mais l'antisémitisme ne choisit pas entre les pratiquants et les athées. Pour les antisémites, les racistes, il leur suffit de vous savoir juifs, noirs ou basanés pour vous condamner.

Mon frère et moi étions à l'école et nos parents travaillaient toujours. Ils avaient même loué, à proximité de l'appartement, un local pour accueillir les fournisseurs et présenter aux clients les gammes et les coupons de tissu. La renommée de mon père faisait son chemin et notre situation matérielle allait s'améliorant.

On ne pouvait pas en dire autant de la situation politique. La guerre était bientôt déclarée et avec elle, la mobilisation générale puis l'exode.

Très vite, nous nous sommes retrouvés sur les routes avec mes frères et ma mère. Je serais incapable de reconnaître notre itinéraire, mais j'ai le vague souvenir d'avoir dormi, avec beaucoup d'autres réfugiés, dans une espèce de caverne, sur de la paille. Cela devait se situer en Aveyron, dans un endroit proche, sans que nous le sachions, de celui où mon père était incorporé.

Comme ressortissant étranger, il n'avait pas été mobilisé. Il s'était donc engagé volontairement et avait été incorporé au 1er régiment de marche étranger cantonné à Saint-Affrique. Sa décision relevait sans doute d'une réelle volonté d'intégration dans sa nation d'accueil, celle qu'il avait choisie hier pour y vivre et aujourd'hui pour combattre l'Allemagne hitlérienne.

Nous étions trop jeunes encore pour réaliser ce que nous étions en train de vivre, trop jeunes pour mesurer les conséquences de cette guerre. Peut-être que seuls pouvaient en avoir une vision réaliste ceux qui avaient vécu la guerre de 14-18.

Après l'armistice signé en juin 1940 à Rethondes, nous avons retrouvé Belleville et notre Faubourg du Temple. Le gouvernement Pétain se hâtait de construire « l'ordre nouveau » et ouvrait grandes les portes de la collaboration. Les troupes allemandes paradaient dans Paris.

Mai 1940 : les trois frères et leur mère.

C'était la première fois que je voyais défiler une armée. J'étais avec tous ceux du quartier, place de Belleville, et le bruit sec des bottes frappant le pavé parisien résonne encore dans ma tête comme si c'était hier. Les Allemands arrivaient de la Porte des Lilas et descendaient la rue de Belleville dans un ordre impeccable.

J'avais à peine huit ans et j'assistais avec mes copains de la cour à un « spectacle » tout nouveau dont nous ne saisissions pas la gravité. Un spectacle qui, cependant, ne suscitait aucun applaudissement ni mouvement d'approbation du public, sinon quelques réflexions, surtout féminines, sur la propreté des uniformes. L'émotion était partout présente et les réactions hostiles étaient discrètes.

Pour mon père, renvoyé dans ses foyers, et ma mère à qui je faisais le récit de cet événement extraordinaire, l'armée allemande à Paris, la France occupée, c'était aussi l'antisémitisme qui allait redoubler de violence. S'ils ne connaissaient pas bien la Wehrmacht, ils connaissaient mieux et pour cause, ceux qui, allemands ou polonais, adhéraient au nazisme, aux thèses antisémites, à l'hitlérisme. Ils étaient terriblement inquiets.

Ils allaient retrouver dans ce qui était devenu leur pays, les raisons qui leur avaient fait quitter la Pologne et, cette fois, sans aucune porte de sortie pour échapper à de nouveaux pogroms.

A partir de ce jour, progressivement, j'ai fait mon apprentissage de la guerre et de l'occupation, avec son train de difficultés. L'approvisionnement alimentaire était chaque jour plus difficile. J'ai donc fait la queue comme beaucoup d'autres devant les magasins d'alimentation.

V

CHEZ NOUS, comme dans les autres familles, tout le monde était sur le pont pour « faire la queue ». Petits, moyens et grands étaient mobilisés pour cette tâche importante et de préférence dès potron-minet.

Il fallait repérer les magasins où des arrivages étaient prévus et apprécier si l'importance de la queue justifiait l'attente. Ma mère, mon frère aîné et moi, nous faisions la queue à trois endroits différents, ou à trois et au même endroit, sans paraître nous connaître. D'autres fois, j'attendais dans une file que ma mère, une fois libérée des tâches qu'elle assurait à la maison, vienne me relever.

Plus le temps passait, plus les files d'attente s'allongeaient : le rationnement de plus en plus sévère faisait sentir ses effets. Mais pour nous qui étions jeunes, c'étaient des exercices plutôt amusants même si nous nous faisions houspiller plus souvent qu'à notre tour pour tentatives de resquille. A la longue, l'attente devant les boutiques devenait moins drôle, elle faisait partie du lot quotidien, passage obligé en quelque sorte, auquel nous finissions par nous habituer mais que les adultes redoutaient.

C'est au cours de cette période que j'ai vécu le premier face à face de ma mère avec des soldats allemands. Comme chaque jour, nous étions partis en course et ma mère me tenait par la main. En sortant de l'immeuble, nous nous sommes trouvés nez à nez avec des uniformes allemands, un petit groupe de soldats qui, sans doute, faisaient leur promenade matinale. A leur vue, ma mère s'est arrêtée comme pétrifiée, prise d'un malaise, au bord de l'évanouissement.

Nous sommes revenus sur nos pas jusqu'à l'entrée de l'escalier qui faisait face à la loge de la concierge. Ma mère s'est assise sur les marches, le temps de récupérer, de pleurer aussi. Nous sommes repartis après qu'elle eût surmonté son malaise. Cet épisode, sans que j'en comprenne bien les raisons sur le moment, m'est resté gravé en mémoire. C'est vrai, il est toujours dur pour un enfant de voir pleurer un adulte, à plus forte raison quand il s'agit de ses père et mère. Cette image de ma mère fait partie des souvenirs réels, profonds, que je garde de mes parents, une image qui continue de me faire mal parce que c'était la première fois que ma mère m'était apparue vulnérable.

Le statut des juifs décrété par Pétain allait bientôt m'apprendre les effets concrets de l'antisémitisme. J'en connaissais l'existence au travers des récits rapportés lors des réunions de famille. Mais je n'en avais jamais retenu que l'aspect anecdotique, comme n'importe quelle histoire.

J'avais aussi, maintes et maintes fois entendu, sans leur accorder plus d'importance qu'ils ne le méritaient, des quolibets diffamatoires. Le « T'es radin comme un juif », c'était du tout courant, du genre radin comme... un Auvergnat, un Écossais, etc. On en rigolait plutôt.

Mais maintenant, cela prenait une tout autre dimension. Les « youpin », « youd », « polak », « juif », nous concernaient directement et toujours précédés du qualificatif « sale ». Nous étions d'autant moins « propres » que l'on nous accusait de tous les maux et, avant tout, de « manger le pain des Français ».

Les copains de la cour d'immeuble ou de l'école — pas tous heureusement — étaient devenus antisémites presque du jour au lendemain. Nous réglions régulièrement nos comptes aux récréations.

J'étais plutôt du genre bagarreur, si bien que j'avais tendance à ne pas laisser dire sans réagir et sans faire du rentre-dedans. C'étaient ainsi de véritables batailles rangées, interrompues par nos maîtres mais qui reprenaient de plus belle dès le seuil de l'école franchi.

Nous n'en sortions pas toujours avec les honneurs de la victoire mais toujours avec la satisfaction de ne pas nous être laissé insulter gratuitement. Chaque fois que nous avions le dessus, en groupe ou individuellement, — c'était quand même fréquent — un répit de quelques jours nous permettait de souffler, d'autant plus qu'aux reprises des cours, les professeurs essayaient de calmer le jeu.

Il nous fallait donc compter avec cette ambiance — on dirait aujourd'hui « environnement » — détestable. L'antisémitisme était notre pain quotidien. Les plaies et bosses se réparaient seules, ou presque et nos parents raccommodaient nos vêtements déchirés chaque fois que nous rentrions tout déguenillés. Ils approuvaient plutôt nos réactions belliqueuses.

Il est vrai que les enfants ont souvent la dent dure avec ceux qui leur semblent différents. A plus forte raison si leur milieu familial les y encourage.

Avec mon frère, nous avions la dent tout aussi dure

et pourtant, nous n'étions pas différents de nos parents. Un soir, nous avons monté tout un scénario, inspiré des films policiers, pour leur faire une « bonne blague ». Nous avons attendu que la nuit tombe pour rentrer à la maison. Aux premiers coups forts et secs qu'Henri a frappés à la porte, pas un bruit dans l'appartement, le silence pour toute réponse. Aux deuxièmes, la voix de notre père s'est fait entendre :

— Qui est là ?

Henri avait déguisé la sienne pour respecter le scénario :

— Police ! Ouvrez !

Nous avons bien senti un moment d'hésitation puis, lentement, la porte s'est entrouverte, pour s'ouvrir plus largement. A voir la tête de mon père, celle de ma mère au fond de l'atelier avec notre petit frère Maurice dans ses bras, il n'y avait aucun doute : notre blague avait bien fonctionné.

Notre hilarité les laissait sans voix, sans réaction. Notre blague n'était pas du meilleur goût vu les circonstances. Notre père avait déjà fait le tour du quartier pour nous retrouver et notre retard avait encore ajouté à leur inquiétude.

Il faut bien comprendre que les tracasseries, les interdits quotidiens vécus par les familles juives, tout comme les contrôles d'identité, étaient devenus monnaie courante et toujours plus fréquents. En d'autres temps, je crois que nous aurions eu droit à une correction digne de notre sottise.

Il est naturellement difficile de mesurer, même aujourd'hui, ce qu'ils ont dû ressentir derrière la porte. Mais on peut imaginer leur soulagement lorsqu'ils l'ont ouverte. Ils se sont retrouvés brutalement libérés d'un danger immédiat auquel ils avaient cru. Le calme, apparent, était revenu après la tempête. Ils nous ont fait entrer sans brutalité aucune, pas plus physique que verbale et ils nous ont expliqué, une fois de plus, les raisons de leurs craintes.

C'était naturellement pour nous, les enfants, qu'ils avaient peur, plus que pour eux-mêmes. Notre mauvaise blague avait le mérite de nous faire toucher du doigt un peu plus encore ce qu'était devenue la vie des juifs à Paris et mieux comprendre que dorénavant les enfants n'étaient pas à l'abri non plus. On ne s'habitue pas plus à vivre dans l'insécurité qu'à être désigné à la vindicte publique. Mais cela devenait notre lot et nous devions faire avec.

En ce début de juin 1942, nous ne savions pas qu'il nous restait si peu de temps à vivre une vie commune avec nos parents. Peu de semaines nous séparaient de l'éclatement définitif de notre famille.

L'Etoile jaune venait d'apparaître, son port était obligatoire. Nous étions depuis longtemps habitués aux quolibets antisémites de ceux qui nous connaissaient. Mais nous pouvions nous promener dans la rue sans attirer particulièrement l'attention, jouer avec les copains dans le métro comme dans les terrains vagues — il y en avait encore, notamment près de l'école, rue Saint-Maur. Nous ne ressemblions pas aux caricatures de juifs qui fleurissaient un peu partout.

Avec l'Etoile jaune, ce morceau de tissu jaune bordé de noir, nous devenions des cibles : nous étions en toutes lettres — JUIF — dénoncés en son centre.

Dans les conversations avec nos parents, nous utilisions le français mais nous nous exprimions pour l'essentiel en yiddish. Pour autant, l'usage de cette langue n'avait jamais eu pour nous de signification particulière puisque nous n'avions aucune pratique religieuse.

Nous nous savions juifs, mais le seul signe que nous percevions de cette appartenance, ou à peu près, c'est que la cuisine juive était un régal.

Un beau jour, nos parents nous ont montré l'Etoile jaune et expliqué ce que nous devions en faire. Nous avions beau être enfants, nous ne comprenions que trop bien le sort commun qui nous était fait. Nous n'étions pas des Gaulois de souche mais c'était bel et bien le ciel qui nous tombait sur la tête. Une exception toutefois : mon petit frère. qui, à trois ans, n'était pas encore obligé d'arborer cette décoration ! C'était pourtant le seul d'entre nous à la revendiquer.

Mon père, ma mère, mon frère Henri et moi, aucun ne voulait admettre d'avoir à porter, cousue sur nos vêtements, cette étoile bien en vue sur la poitrine.

A la maison pourquoi pas, mais sortir dans la rue avec un tel fanion, ça sûrement pas ! Sept ans après leur arrivée en France, le pays de la liberté, voilà ce que réservait le gouvernement de Pétain à celles et ceux qui avaient fui l'antisémitisme, les pogroms, les nazis. Il n'était pas question de se laisser marquer au fer comme du bétail !

La servilité des collaborateurs, des pétainistes et des sympathisants du régime de Vichy n'avait plus de bornes, leur trahison nationale ne suffisait pas. Les Vichyssois devançaient les demandes, les exigences de l'armée allemande d'occupation. En somme, et selon le vieil adage, l'élève dépassait son maître.

Tout avait été préparé de longue main et expérimenté, d'abord en Allemagne hitlérienne, puis en France, par petites touches, par étapes insidieuses, chaque jour plus palpables, pour en arriver à cette Etoile jaune.

Il ne faisait pas bon être juif dans la France de 1942. Encore moins judéo-marxiste.

Notre première sortie avec l'Etoile jaune doit se situer un jeudi, jour de congé scolaire car, de mémoire, ce n'était pas pour aller à l'école mais, comme les restrictions nous y obligeaient, pour aller faire les courses. Lequel d'entre nous allait être désigné comme estafette ? Naturellement, il n'y avait pas de volontaire à la maison pour sortir « étoilé ». Pourtant, nous n'avions pas d'autre alternative.

En ce mois de juin 1942, j'avais neuf ans et demi, mon frère Henri, onze ans et demi. Ce serait nous, les enfants, malgré nos réticences, pour ne pas dire plus, et malgré notre honte, qui sortirions dans la cour de l'immeuble puis dans la rue avec l'étoile. Nous courions moins de risques que nos parents. Nous étions en règle avec les autorités françaises ou allemandes, pas tout à fait des enfants-sandwichs mais presque, puisque l'étoile affichait quel genre d'article la guerre avait fait de nous.

Le plus dur était devant nous : affronter le public. Dire que nous l'avons fait gaillardement serait excessif mais tout s'est mieux passé que prévu. Ce qui paradoxalement nous rassurait, c'est que nous n'étions pas seuls. Tous ceux qui portaient l'étoile ne se connaissaient pas toujours mais ils se reconnaissaient. Mince consolation !

Il nous semblait que tous les regards étaient braqués sur nous. Ce n'était peut-être pas le cas, mais nous avions le sentiment d'être des bêtes curieuses. En tout état de cause, les réactions des passants, une fois leur surprise passée, étaient plutôt de compassion. Ça faisait aussi mal, même si leur hostilité s'adressait aux hommes politiques, responsables de cet état de fait.

Nous entrions de plain-pied dans une nouvelle phase de l'apprentissage de la guerre et des conditions de vie qui nous étaient imposées.

De retour des courses, nous avons naturellement dû répondre à l'inquiétude de nos parents. Ils étaient quelque peu rassurés car nous étions rentrés sans coups, ni blessures. Il n'empêche que, pour eux comme pour nous, rien ne serait plus jamais comme avant. Il fallait nous cacher, nous n'étions plus en sécurité.

VI

ACETTE époque, les enfants allaient à l'école en tablier gris, couleur passe-muraille. Si bien que nous pouvions porter l'étoile cousue sur nos vêtements mais dissimulée sous l'étoffe réglementaire. Nos parents nous avaient fait adopter ce système pour sortir, sauf obligation contraire.

Nous étions ainsi en règle. Nous ne pouvions pas être pris en défaut. Evidemment, ce qui était possible pour nous ne l'était pas pour nos parents. Ils portaient donc l'étoile avec tout ce que cela pouvait représenter, au moral comme au physique. Ont-ils voulu immortaliser l'abjection des pétainistes d'hier et de leurs descendants d'aujourd'hui ? Le fait est qu'ils nous ont laissé une photo témoignant de l'ineffaçable.

Aux tracasseries juridico-administratives de ce mois de juin 1942 s'ajoutaient des difficultés professionnelles pour mon père. Les commandes de sa clientèle particulière se faisaient plus rares, celles de son employeur de Boulogne-Billancourt aussi. Même s'il n'était que demi-juif par sa mère, il était en butte aux mêmes avatars que toutes les familles juives. Etaient coupables tous ceux qui, par leur parenté directe ou leurs ascendances lointaines, avaient une trace quelconque d'« identité juive ».

L'année scolaire allait bientôt se terminer et nous attendions les grandes vacances avec beaucoup d'impatience. Cependant, pour la première fois depuis des années, elles se passeraient autrement. Nous ne partirions pas avec notre mère, notre père ne nous rejoindrait pas en fin de semaine. Seuls les enfants partaient, placés dans une famille d'accueil recommandée à nos parents.

Ils nous avaient expliqué qu'ils seraient plus tranquilles de nous savoir à la campagne. De leur côté, ils auraient les coudées plus franches pour rechercher un nouvel abri où nous pourrions nous retrouver tous ensemble avant la fin des grandes vacances. Conscients de la gravité des événements, nous comprenions parfaitement le bien-fondé de leur décision. Bien sûr, il ne se passerait pas une semaine sans que l'un ou l'autre, ou les deux à la fois, ne viennent nous rendre visite, chaque fois que cela leur serait possible.

Toutes ces précautions oratoires cachaient une appréhension prémonitoire.

C'est ainsi que nous nous sommes retrouvés à Montfermeil, chez Madame G., dans un quartier où toutes les avenues portent des noms de fleurs. Avenue des Bégonias, nous avons été accueillis dans un pavillon occupé par deux femmes, la bru et sa belle-mère. Monsieur G. était prisonnier en Allemagne. Dès le premier abord, la jeune dame nous a paru gentille. La plus âgée, que tout le monde appelait grand-mère, était plus sévère, plus bourrue.

La séparation d'avec notre mère qui nous avait accompagnés a été difficile, plus encore pour elle que pour nous. Ma mère fait partie de cette catégorie de mères admirables qu'on appelle avec tendresse : « Mama Juive » C'est dire combien cet abandon forcé la faisait souffrir.

Nous l'avons raccompagnée jusqu'à l'autobus, puis nous sommes rentrés nous installer dans notre nouveau « chez nous » provisoire. Assez vite, la vie a repris le dessus, les jeux aussi. Les dames qui nous accueillaient savaient qui nous étions, nos parents n'avaient rien cherché à dissimuler : nous étions arrivés avec l'Etoile jaune sur nos vêtements.

Elles ont décidé illico la mise hors la loi de ce signe distinctif. Dorénavant, il n'était plus question de le porter. Nous étions des enfants en vacances, un point c'est tout. Enfin, à peu près tout. Et tout se passait plutôt bien. Très vite, nous avions fait connaissance avec d'autres enfants en congé scolaire. Etaient-ils juifs ? Bien malin qui pouvait le savoir ! Et qui pouvait se douter que nous l'étions ? Notre petit frère était trop jeune pour vendre la mèche. Quant à Henri et moi, nous avions déjà appris à nous taire.

Nous échappions quelquefois à la surveillance de nos hôtesses pour jouer hors du pavillon. Elles nous l'avaient interdit, craignant sans doute quelque indiscrétion de notre part. A juste titre, elles ne voulaient pas que nous exposions nos vies, et en conséquence la leur et celle de leur famille.

Défaut de port de l'étoile juive, dissimulation d'enfants juifs. Par les temps qui couraient, ce genre de délit majeur coûtait cher à celles et ceux qui enfreignaient la loi.

Le jour tant attendu arriva enfin. Nos parents venaient nous rendre visite. Une journée-éclair tant le bonheur que nous avions à nous retrouver était grand et intense. Nous nous dirigions déjà vers l'arrêt du bus qui devait les ramener à Paris, la tristesse nous étreignait comme tous ceux qui s'aiment et doivent se séparer. Mais il y avait dans la gravité de nos parents quelque chose de plus. Ils ne savaient pas quand ils pourraient revenir nous voir. Ils devaient rester sur leurs gardes. Ils avaient pris, au cours de cette journée à Montfermeil, quelques contacts pour rester dans cette ville ou dans les environs, afin d'éviter de rentrer à Paris.

Mais comme ils n'avaient trouvé aucune issue, même provisoire, ils n'avaient plus d'autre solution que de rentrer à Belleville pour y trouver un abri aussi sûr que possible.

Ces informations, ils nous les livraient avec beaucoup de précautions pour ne pas nous alarmer. Il fallait aussi que nous soyons sages et que nous veillions sur notre petit frère Maurice, comme il se doit quand on est grands. Notre attente devait être sans inquiétude, même si plusieurs semaines devaient se passer sans avoir de leurs nouvelles. C'est qu'ils se seraient cachés quelque part et ne pourraient prendre le risque de communiquer.

Nous nous sommes dit au revoir avec beaucoup d'émotion. Ils nous ont serrés très fort dans leurs bras avant de monter dans l'autobus... Le visage de mes parents derrière la vitre, un dernier signe de la main, ce sont les dernières images que je garde de ces êtres chers que nous ne devions plus jamais revoir.

Pas plus que nous, ils ne savaient que l'autobus qu'ils venaient de prendre était semblable à celui qui emmènerait ma mère, quelques jours plus tard, le 16 juillet 1942, en direction du Vel'd'Hiv puis d'Auschwitz, via Drancy.

Mon père se présenterait spontanément, le même jour ou le lendemain aux autorités françaises. Il ferait partie de la liste complémentaire des « volontaires » qui négociaient leur propre arrestation en échange de la liberté de leur conjoint. Ce n'était qu'une ultime tentative, désespérée à mon sens, pour que ma mère retrouve ses fils.

Mais la duplicité de l'adversaire était inimaginable pour tout individu normalement « pensant ».

Mon père avait mis à profit ces quelques heures de sursis pour avertir Monsieur Gabriel G., un de ses collègues, avant de rejoindre sa femme. Ensemble, ils allaient perdre leur qualité d'êtres humains pour devenir des matricules. Si l'encre de leurs avant-bras a disparu avec eux, elle reste indélébile dans ma tête.

Arrêtés comme des milliers d'autres familles juives, en ces sinistres jours de juillet, ils ont fait partie du 12ème convoi qui a quitté Drancy le 29 juillet 1942 pour Auschwitz.

Les semaines passaient. La vie continuait à Montfermeil avec les précautions d'usage. Nous avions l'insouciance naturelle des enfants de nos âges, d'autant plus que nous avions été prévenus d'une éventuelle absence de nouvelles ou de visites.

Peut-on imaginer le calvaire de nos parents pris dans la tourmente de l'arrestation, des camps de concentration et séparés de leurs enfants. Bien sûr, ils savaient, pour nous avoir confiés à eux, chez qui nous étions, mais qu'allions-nous devenir sans eux et leur soutien ? Comment allions nous vivre ? Serions-nous comme eux arrêtés et envoyés vers une destination inconnue ?

D'après des informations recueillies après la guerre auprès d'une amie de mes parents d'origine hongroise, Madame F., il semblerait que ma mère soit morte d'épuisement physique et moral, quelques mois après son arrivée à Auschwitz. Quant à mon père, compte-tenu de sa profession, il aurait été utilisé pour la fabrication d'uniformes militaires et serait mort environ un an après son entrée dans ce sinistre camp de concentration.

Même si j'ai du mal à imaginer les conditions épouvantables d'une telle détention, tout me porte à croire que mes parents étaient « habités » de leurs trois fils. Aux affres de l'humiliation et de l'avilissement, a dû s'ajouter une terrible inquiétude pour ce qui était des enfants qu'ils avaient laissés près de Paris.

Nos parents étaient jeunes lors de leur arrestation en juillet 1942, ma mère avait quarante et un ans, mon père trente-trois. Ils sont morts comme six millions d'autres, parce qu'ils étaient nés juifs. Quand bien même ils auraient délibérément choisi de l'être, rien ne peut justifier qu'ils soient morts pour ça.

Ils portaient donc l'étoile...

VII

A MONTFERMEIL comme ailleurs, les vacances scolaires approchaient de leur fin. Depuis des semaines, nous n'avions pas revu nos parents ni reçu de leurs nouvelles.

On a beau s'en défendre, on s'habitue au pire quand il s'installe insidieusement, jour après jour. Henri, l'aîné, vivait leur absence avec certainement plus de réalisme. Elle devenait peu à peu une réalité à laquelle je me faisais. Maurice quant à lui, âgé d'à peine quatre ans, ne cessait de réclamer sa maman.

A mesure que le temps passait, nous prenions conscience des dangers qui nous guettaient. Mais ces dangers potentiels, pour vivaces qu'ils soient, ne faisaient que nous effleurer. Les dames G. veillaient au grain. Bien sûr, les coups de cafard étaient fréquents, surtout le soir. Nos parents nous manquaient.

A la rentrée scolaire, nous étions toujours parfaitement anonymes et les dames G. avaient donc pris la décision de nous inscrire à l'école du quartier, à cent mètres de leur pavillon.

Nous avons rejoint les bancs de l'école Jules Ferry de Montfermeil.

Quarante-neuf ans après, cette école n'a pratiquement pas changé d'aspect, pas plus que cette partie du quartier. Il y a bien quelques constructions nouvelles mais, paradoxalement, le bois tout proche de la maison existe encore. A peine plus petit qu'à cette époque. Je me souviens de ce bois car il faisait partie de notre espace de jeux. C'est là que j'ai fumé mes premières cigarettes, des tiges de viorne que nous débitions sur place.

Un matin que nous rentrions de l'école pour déjeuner, un homme et une femme nous attendaient, qui allaient jouer pour nous un rôle essentiel, les mois et années à venir.

Dans la salle à manger, une dame tenait notre petit frère Maurice sur les genoux. Un Monsieur l'accompagnait. Nous ne connaissions pas ces gens, nous ne les avions jamais vus. Eux ne nous connaissaient pas non plus.

C'était une blonde très élégante. Lui était grand et brun. En cet automne 1942, ils avaient à peu près l'âge de nos parents. Par la suite, nous ne les avons jamais appelés autrement que Monsieur et Madame Gaston. Je ne sais plus si ces dénominations procédaient d'une décision ou si elles se sont établies naturellement. Toujours est-il que, jusqu'à son décès récent, la dame est restée Madame Gaston et son mari est toujours pour moi Monsieur Gaston.

C'est ainsi que nous avons fait connaissance avec ceux qui fournissaient du travail à façon à notre père. Ils habitaient Boulogne-Billancourt — comme encore aujourd'hui —, où ils possédaient un magasin de vêtements, des costumes sur mesure pour hommes. C'étaient des commerçants aisés.

Lui n'était juif que par sa mère, mais sa femme était

juive par ses deux parents. Ce qui, malgré leur patronyme d'origine espagnole — Campos —, n'assurait pas leur sécurité.

Avec leurs deux enfants, ils avaient donc pris leurs précautions, en s'éloignant de la région parisienne pour rejoindre leur maison de campagne — on dit maintenant résidence secondaire — en Normandie.

Monsieur Gaston avait confié la gestion de son commerce à son frère, demi-juif, puisqu'ayant épousé une « goye ». Peu de temps après, il avait été obligé de le remplacer par un gérant d'une neutralité religieuse totale afin de ne plus courir le moindre risque. Contre vents et marées, il gardait le contact avec son commerce au prix de réguliers allers-retours à Boulogne.

Chaque semaine, il fournissait du travail à mon père. Les costumes livrés au cours de la première quinzaine de ce mois de juillet 1942 ne lui étaient pas revenus. Ma mère n'avait pas assuré la livraison. Ce retard était pour le moins inquiétant, compte-tenu de la ponctualité habituelle de mes parents et de l'ambiance trouble et pesante qui régnait.

Le calme revenu, après la rafle du 16 juillet, Monsieur Gaston s'était rendu au domicile de mes parents et avait appris par des voisins leur arrestation. Avaient-ils prévu les événements, en avaient-ils eu le temps avant d'être arrêtés ? Toujours est-il qu'ils avaient pu confier à la concierge notre adresse à Montfermeil, quelques bijoux, sans doute ceux que ma mère portait sur elle, sans oublier l'ouvrage en cours.

C'est ainsi que Monsieur Gaston nous a retrouvés, avec l'aide d'une relation non juive, professionnelle et amicale de mes parents, Monsieur G..

Avec leurs propres problèmes à résoudre, prendre trois enfants en charge ne devait pas aller de soi. C'était cependant le but de leur visite. Ils voulaient faire notre connaissance et se mettre d'accord avec les dames G. sur les modalités de notre pension. Ils assuraient naturellement les frais d'un séjour d'une durée indéterminée. Au cours du repas que nous avons pris ensemble lors de cette première visite, les Gaston nous ont appris, avec tous les ménagements possibles, l'arrestation de nos parents et leur première destination. Ce qu'il adviendrait d'eux, il était impossible de le prévoir.

Terrible nouvelle. Bien sûr, les enfants parlent entre eux, ils entendent les adultes et surprennent des bruits. Les rumeurs étaient nombreuses qui parlaient de la guerre, des arrestations, de gens disparus, mais nous ne les connaissions pas. Ce jour-là, cette tragédie nous frappait de plein fouet.

Nous savions maintenant qu'il pouvait se passer un très long temps avant le retour de nos parents. L'issue de la guerre n'était pas encore envisageable. Notre seule perspective était de rester à Montfermeil le plus de temps possible, le temps que Vichy, Pétain et la Gestapo ne menacent plus nos vies.

Monsieur et Madame Gaston avaient leur propre sécurité à assurer, celle de leurs enfants aussi. Ce qui supposait un minimum d'organisation. Il leur était impossible de programmer avec régularité leurs visites et leurs déplacements à Montfermeil. Il pouvait donc leur arriver de passer en coup de vent, à l'improviste, ou pas du tout.

Donner de nos nouvelles, recevoir le règlement mensuel de notre pension passaient obligatoirement par

Madame Gaston au magasin

l'intermédiaire de la relation professionnelle que j'ai déjà évoquée, Monsieur G. Il était employé comme coupeur, à la Samaritaine de luxe, boulevard des Capucines à Paris, tout près de la place de l'Opéra, lieux de prédilection de promenade et d'agapes pour l'occupant nazi et les collabos.

Madame G., la jeune, venait dans ce magasin pour transmettre les messages nous concernant et recevoir argent et cartes d'alimentation — fausses naturellement —, de quoi assurer nos besoins.

Le plus souvent, Madame Gaston nous rendait visite seule. Des visites toujours très courtes. Mais la voir de temps à autre était pour nous un réconfort. Malgré les difficultés du moment, elle ne venait jamais les mains vides.

Le petit réseau qu'ils avaient mis sur pied fonctionnait parfaitement. Néanmoins, un tel système, même modeste, ne devait pas être facile à gérer, compte-tenu des risques encourus.

VIII

LE GOUVERNEMENT, lui, faisait dans le social. Il avait le souci de la bonne forme de la jeunesse du pays. Pour pallier les restrictions, les enfants des écoles bénéficiaient chaque jour d'un goûter sous forme de biscuits et de bonbons vitaminés. Les gâteaux n'étaient pas fameux, mais j'aimais assez le goût acidulé des petites pastilles roses.

Ces produits avaient en tout cas un double avantage : nous échangions nos infâmes gâteaux contre les « délicieux » bonbons roses, ou bien nous nous en faisions quelque argent de poche. Ce n'étaient jamais des sommes bien importantes, mais suffisantes pour nous acheter des cubes de levure à 10 sous, à la sortie de l'école. Nous trouvions ça bon. Nous pouvions aussi nous payer des tours de vélo chez Gervaise, un parc d'attraction tout axé sur les deux-roues. Il y en avait de toutes sortes : des bicyclettes aux roues décentrées, avec le guidon qui actionnait la roue arrière, des vélos géants ou minuscules... Les tours de pistes que nous faisions en bande, le jeudi ou le dimanche, étaient l'occasion d'après-midi de franches rigolades.

A la maison, tout continuait de se passer à peu près bien. Nous n'étions pas traités autrement que le fils de la famille. Toutefois, nous avions beaucoup de difficultés à accepter d'être grondés même si nous le méritions. A nos yeux, les gens chez lesquels nous habitions n'étaient pas nos parents et n'avaient, en conséquence, pas le droit de nous houspiller ni de nous punir. Nous avions donc une certaine tendance à la rebuffade, d'autant que nous nous sentions protégés, consciemment ou non.

Septembre, octobre, novembre étaient passés et décembre annonçait Noël. Pour nous, cela n'avait pas de signification particulière sinon que ce jour de fête était synonyme de vacances scolaires. A titre exceptionnel, dans les années précédant la guerre, nous avions droit à une orange, sans plus.

C'était donc notre premier Noël et tout se présentait bien. Mesdames G. avaient préparé un petit sapin que nous devions décorer ensemble. A l'école maternelle, mon frère Maurice avait appris la chanson : « Mon beau sapin, roi des forêts, que j'aime ta verdure, ... » Il répétait à tout moment pour être fin prêt le moment venu. Il régnait dans le pavillon de l'avenue des Bégonias, à Montfermeil, une véritable ambiance de fête ! Je pense, et les en remercie, que Madame G. et sa mère avaient mis tous leurs soins pour que cette veillée demeure dans notre souvenir un moment heureux. Elles savaient, sans en avoir la preuve, ce qu'il était advenu de nos parents.

Hélas ! Malgré tout le bel ordonnancement, les choses ne se sont pas déroulées comme prévu.

Deux ou trois jours avant Noël, notre frère Maurice avait été pris d'une très forte fièvre qui résistait à tout traitement. Le médecin avait finalement ordonné son hospitalisation et c'est sur son lit d'hôpital qu'il a passé cette soirée tant attendue. La gravité du mal n'échappait à personne et nous n'avions pas le coeur aux réjouissances. Non, vraiment pas ! La tristesse avait anéanti notre enthousiasme. C'était pour nous un déchirement de savoir notre petit frère si proche mais tout seul, alors que nous avions promis de veiller sur lui, le plus jeune d'entre nous.

Nous n'avons jamais revu Maurice. Il est décédé à l'hôpital de Montfermeil le 30 décembre 1942.

L'absence de ses parents a-t-elle pu avoir une influence sur la vie et la mort d'un enfant de quatre ans et demi ? A-t-il été emporté par un virus foudroyant ? Aujourd'hui encore, nous nous posons ces questions. Personne ne sait les causes de son décès. Nous en connaissons seulement la date.

Il y avait du monde à l'enterrement. Monsieur et Madame Gaston étaient là eux aussi. Le cercueil était bien petit : cela faisait encore plus mal de le savoir mort si jeune ! Nous étions choqués.

Nos parents nous manquaient, mais nous restions persuadés que nous les reverrions. Notre frère Maurice lui, était parti pour toujours, définitivement, brutalement. Maurice était un beau petit garçon, les rares photos que je possède en attestent. De plus, c'était un enfant doux, toujours en quête d'un câlin. Avec Henri, nous étions inconsolables malgré la chaleur affective dont tous les gens nous entouraient.

Que reste-t-il de ce Noël ? Le souvenir vivace de notre frère et un arbre de vie, le sapin que nous avions décoré avec soin. Nous l'avions relégué au fond du jardin après l'avoir dépouillé de ses décorations, puis oublié là. Comment a-t-il pris racine ? Du mètre qu'il faisait à cette époque, il culmine aujourd'hui à environ douze mètres de haut. Etrange coïncidence que le sapin que Maurice s'apprêtait à chanter demeure le seul témoin muet de ces tristes fêtes de décembre 1942.

Depuis ce temps, je ne puis entendre ces chants de Noël sans ressentir une cruelle émotion. Même quand mes enfants célébraient « Mon beau sapin », l'image et la voix de Maurice se superposaient aux leurs.

Mes deux fils sont aujourd'hui adultes et je risque de les surprendre en révélant mes inquiétudes d'alors. J'ai vécu leur quatrième année avec la hantise qu'il leur arrive quelque chose de grave, d'irréversible. Un sentiment confus, incontrôlable, qui disparaissait quand nous avions fêté leur cinquième anniversaire.

Janvier 1943. Nous avons repris le chemin de l'école. Les prévisions initiales selon lesquelles nous devions rester à Montfermeil longtemps allaient être complètement bouleversées.

Pour la Gestapo, les collabos et la milice de Vichy, aucun juif, aucun opposant ne devait leur échapper. Il s'agissait de faire disparaître tous les juifs de la surface de la terre. Ils nous avaient dans le collimateur depuis la loi de Vichy du 18 octobre 1940 sur le statut des juifs en France, à laquelle toute la population française devait se soumettre.

Chacun devait informer les autorités de la présence réelle ou supposée de juifs. Beaucoup se taisaient, préférant ne pas savoir, mais il s'en trouvait aussi qui, sous couvert « d'esprit patriotique », remplissaient « leur devoir de bon Français ». Cela consistait à dénoncer tout individu, adulte ou enfant, résidant à titre temporaire ou non, hébergé par un administré de la commune. Tout refus ou manquement était sévèrement sanctionné. C'était au moins l'emprisonnement à temps, la déportation peut-être. Evidemment, Mesdames G. étaient directement concernées.

Quant aux hébergés eux-mêmes, leur destination, leur sort ne souffraient aucune hésitation. En moins d'une année, des cinq personnes qui portaient un nom de famille identique au nôtre, nous ne restions que deux, Henri et moi. Il s'en fallait de peu que la famille disparaisse totalement.

Depuis des mois que nous vivions ensemble, Mesdames G. ne souhaitaient pas nous voir partir pas plus que nous ne souhaitions les quitter. Cette famille était petit à petit devenue notre foyer, mais nous n'avions pas d'autre alternative que celle de nous séparer.

L'organisation de notre départ et sa stratégie passaient par l'intermédiaire du coupeur de la Samaritaine de luxe et de Monsieur Gaston, qui décidait des dispositions à prendre. Le transfert vers une destination inconnue dont dépendait notre devenir, devait être minutieusement préparé, dans la discrétion la plus absolue.

Le moment venu, nous serions informés des conditions et de la date de notre départ. Nous continuions à nous taire, conscients qu'il ne s'agissait pas d'un jeu. En d'autres circonstances, cela aurait pu ressembler à un scénario mystérieux et amusant Mais à cette époque il fallait se méfier car même « les murs avaient des oreilles », deux précautions valaient mieux qu'une. C'était les malfaisants qui tenaient le haut du pavé. Les honnêtes gens, ceux qui avaient le sens de l'humain, étaient pourchassés comme des malfaiteurs.

Nous ne pouvions rester à Montfermeil. Trop de gens nous connaissaient. Nous ne pouvions changer de nom de famille pour être déclarés officiellement aux autorités. Il fallait donc nous faire entrer dans la clandestinité, dans un lieu, chez des gens où personne ne puisse soupçonner quoi que ce soit.

Il s'agissait de nous faire entrer dans la peau de personnages différents, dans la peau de « goys ». Ce ne devait pas être une mince affaire que d'obtenir tous les papiers d'état civil correspondant. Monsieur Gaston s'est occupé de tout.

Il était en contact avec certains responsables des services administratifs municipaux de Boulogne-Billancourt. Il s'était engagé à fournir de quoi vêtir les prisonniers de guerre en Allemagne ou en France qui s'étaient évadés pour rejoindre la clandestinité ou la zone libre. Il fallait aussi qu'ils changent d'identité.

Notre affaire était donc entre les mains du directeur des Services sociaux de la ville de Boulogne-Billancourt. Celui-là même qui, peu de temps après, a été arrêté et fusillé par les Allemands. Dans cette ville de la banlieue de Paris, une rue porte son nom pour honorer sa mémoire.

Monsieur Pierre Grenier a ainsi fourni tout ce qui allait constituer notre nouvel état civil, celui de deux enfants d'origine serbe qui avaient quitté la France. Henri et moi allions donc devoir troquer notre nom de « Wilkczkowski » contre celui de « Maëlstaff ».

Le directeur de l'école et nos instituteurs respectifs étaient parmi les rares personnes informées de notre prochain départ. Ils avaient été mis dans la confidence. Nos vies dépendaient de leur discrétion.

J'aimais bien mon maître. Il était gentil. La veille du départ, à la sortie de l'école, en le saluant pour la der-

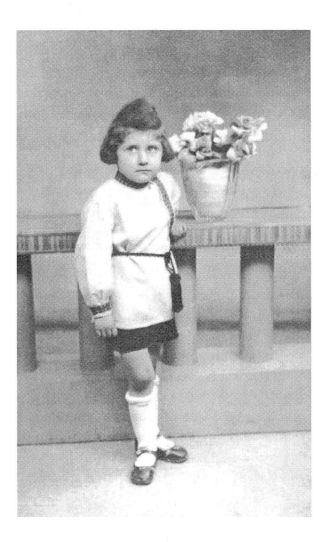

Maurice

nière fois, je lui ai offert en souvenir ce qui me rapprochait le plus de lui. C'était un scarabée que je conservais dans une boite d'allumettes. Il était mort mais je m'étais pris d'amitié pour cette petite bête inerte que je trouvais belle avec ses reflets colorés.

En classe, je posais toujours ma boite d'allumettes bien en évidence sur mon pupitre. Ce qui me valait d'être régulièrement rappelé à l'ordre par l'instituteur et de devoir la faire disparaître. Mais dès qu'il avait le dos tourné, la boite d'allumettes et mon scarabée refaisaient surface pour retrouver peu de temps après la poche de ma culotte. Cette bestiole à laquelle je m'étais attaché, avait établi une certaine complicité entre mon maître et moi. C'est elle qui serait mon meilleur message de sympathie.

L'émotion de mon instituteur, en recevant le présent auquel il savait que je tenais tant, ne pouvait être feinte. Sa réaction n'a pas été de simple compassion.

Nous avions du mal à quitter Montfermeil, mais nous avions encore plus de peine à laisser Maurice dans son coin de cimetière. Son décès était encore tout proche et notre chagrin toujours très vif.

Accompagnés de Madame Gaston, notre départ s'est effectué sans tambours ni trompettes. Henri était déjà quelqu'un d'autre et moi je n'étais plus le même.

IX

APRÈS un voyage sans encombre, nous sommes arrivés à Saint-Pierre d'Autils, un petit village de l'Eure, proche de Vernon. Monsieur Gaston nous y attendait et avait préparé notre installation dans sa propre maison, la résidence secondaire que j'ai déjà évoquée. C'était une belle et grande demeure, blanche à colombages, bien dans le style normand, au milieu d'un grand jardin, presque un parc à nos yeux.

D'emblée, nous nous sommes bien entendus avec les enfants de Monsieur et Madame Gaston. Nicole et Pierre étaient un peu plus jeunes que nous. « Nini », la nurse de la maison, nous a tout de suite adoptés. C'était un petit bout de femme merveilleuse, d'une gentillesse naturelle, à toute épreuve. Nous ne sommes restés que peu de temps en sa compagnie mais j'ai toujours eu grand plaisir à la retrouver quand, après la guerre, je venais rendre visite à Monsieur et Madame Gaston. Nini est morte maintenant depuis plusieurs années.

Nous étions venus à Saint-Pierre d'Autils pour faire l'apprentissage de notre nouvelle identité. Nous récitions notre leçon matin, midi et soir, jusqu'à ce que nous la sachions par cœur sans nous permettre la moindre erreur. En moins de quinze jours, nous étions « autres », nous nous étions glissés dans une nouvelle peau.

Mon frère Henri était devenu Francis Henri Maëlstaff. J'étais dorénavant Serge Maëlstaff. Nous avions un seul point commun avec les nouveaux venus, celui de ne plus avoir de parents. Ils étaient décédés à la suite d'un accident de voiture. Notre scolarité s'était passée dans le quinzième arrondissement, du côté de Grenelle. Nous pouvions désormais décrire ces lieux comme si nous y avions vécu, nous connaissions le nom de nos voisins d'immeuble. Quelques anecdotes complétaient ces années de vie fictive.

Notre nouvelle identité nous vieillissait de deux ans. Henri passait de douze à quatorze ans, moi de dix à douze. Il ne suffisait pas seulement de pouvoir donner le change, il fallait aussi que notre comportement corresponde au mieux à ce que l'on attendrait désormais de nous.

Un seul changement a été opéré dans cet état civil, l'inversion des nouveaux prénoms de mon frère. Francis passait comme second prénom, Henri restait Henri. Comme j'étais encore bien jeune, on minimisait ainsi mes risques d'erreurs.

Apprendre par coeur, réciter, répondre aux questions est une gymnastique qui nous a occupés pendant tout notre séjour à Saint-Pierre d'Autils. Nos récréations nous permettaient de jouer dans le jardin ou d'aller nous promener le long de la Seine toute proche. A cet endroit le fleuve est particulièrement large.

A l'issue de cet apprentissage, nous devions être placés dans une famille d'accueil que des voisins avaient recommandée à Monsieur Gaston. Bien entendu, ces voisins ne connaissaient qu'Henri et Serge, personne d'autre.

C'est par amitié avec nos parents « Maëlstaff » que

Monsieur et Madame Gaston nous avaient recueillis mais leurs activités commerciales les obligeaient à nous confier à des tiers de confiance. Ils assuraient naturellement tous les frais.

Nouveaux noms, nouvelles identités, il nous fallait encore toutes les cartes d'alimentation en usage. C'est Monsieur Lamy, l'instituteur du village et secrétaire général de la mairie, qui nous les a fournies. Nos bagages étaient prêts, nous pouvions affronter une autre vie, dans une nouvelle famille.

L'enfant est capable de s'adapter aux circonstances les plus extrêmes. Telle est la leçon que j'ai tirée de notre expérience. Qu'il me soit permis de la rapprocher de celle des enfants orphelins du Rwanda qui ont vécu des temps où l'insouciance naturelle laisse sa place à une maturité précoce.

Pendant près d'un an et demi, nous avons su conserver notre secret, sans jamais être pris en défaut ni commettre la moindre erreur. Cette performance demeure encore aujourd'hui une énigme pour tous ceux qui nous ont côtoyés à cette époque, les adultes comme les enfants. Ce n'est pourtant pas faute d'en avoir souvent parlé entre eux au fil des années. Pour avoir revu récemment les uns et les autres, la question n'a jamais été élucidée puisque c'est toujours la même question qui nous était posée : « Mais comment avez-vous fait pour ne pas vous trahir pendant tout ce temps ? Personne ici n'a jamais eu le moindre soupçon ».

Comment avons-nous fait ? Aucune idée ! Sinon que nous avons simplement respecté à la lettre ce que nous avions appris et, surtout, compris les raisons pour lesquelles nous l'avions appris.

Les faits sont là, tangibles, concrets : de pile, nous étions devenus face et nous avons géré ce retournement en évitant toutes les embûches.

X

AVRIL 1943 vivait ses ultimes journées. Cet après-midi-là, le ciel était d'un bleu d'azur, le soleil radieux. Nous étions bien dans nos têtes et prêts pour un nouveau départ. Il se ferait en barque : nous devions traverser la Seine pour rejoindre l'autre rive, face à Saint-Pierre d'Autils et faire connaissance avec Pressagny l'Orgueilleux.

A Saint-Pierre d'Autils, le pavillon était en bordure de la nationale Paris-Rouen longée par la voie de chemin de fer. Au-delà des rails, une espèce de vaste no man's land avant d'arriver aux rives du fleuve.

Pressagny l'Orgueilleux est un village de quelque six cents habitants, à environ six kilomètres à l'ouest de Vernon. Ses rues descendent en pente douce jusqu'à la Seine. Un village « pieds dans l'eau » en quelque sorte, une eau belle et paisible.

Par sa situation, Pressagny a sans doute une vocation plus touristique que les localités alentour. Son calme mérite que l'on s'y arrête.

C'était mon premier voyage en bateau. J'étais ravi de cette traversée de quelques centaines de mètres. Le marinier avait souqué ferme et en peu de temps, nous avions rejoint l'autre rive.

Nous étions attendus par Monsieur Georges P. et sa femme Renée. C'était la première fois qu'ils gardaient des enfants. Lui était maçon et nous est apparu d'emblée comme un brave homme. Sa femme s'occupait de la maison et des travaux des champs. Ils avaient deux filles à peu près de nos âges, Huguette, l'aînée, et Arlette. Peut-être en raison de son inexpérience mais plutôt à cause de son caractère, l'accueil que nous a réservé Madame P. s'est avéré plutôt rude. C'était une femme aussi exigeante avec elle-même qu'avec les autres.

Monsieur Gaston a fait les présentations : Serge, douze ans, Henri, quatorze. Tout a beau être peaufiné, tous les cas d'espèces passés en revue, il n'empêche : Madame P. nous a trouvés plutôt petits pour nos âges. Premier contact, première alerte ? Nous n'étions pas parmi les grands en taille, il nous fallait faire avec la nature. Maintenant, il nous faudrait faire comme si...

Nous sommes arrivés avec armes et bagages, enfin quelques bagages, et avons mis les pieds dans notre nouvelle maison de la rue de la Marette, à l'heure de la collation. Le mot était nouveau pour nous, son contenu aussi. Nous connaissions, depuis quelques mois, le pain de maïs au goûter. Nous avions connu comme tout le monde les tartines de beurre avec ou sans le bol ou la barre de chocolat. Mais ce jour-là, un vrai festin nous attendait. Nous allions partager avec Monsieur Gaston et toute la famille P., soupe aux croûtons de pains grillés, beurre, fruits, fromages, etc. Un vrai régal ! Nous avions presque oublié que tout cela pouvait encore exister.

Les bonnes choses n'ont qu'un temps, même si elles se renouvellent quotidiennement. A peine la dernière bouchée avalée, le temps d'un ultra rapide au revoir à Monsieur Gaston et Madame P. nous a envoyés aux foins. Ça aussi c'était nouveau pour nous car nous étions des « petits parigots », comme aimait à le répéter notre hôtesse.

Armés chacun d'un grand râteau en bois, nous nous sommes retrouvés dans un champ immense qui s'étendait à perte de vue. Notre travail consistait à suivre la faucheuse et à râteler le foin que nous mettions en tas. Les adultes prenaient la relève pour en faire des bottes qu'ils montaient ensuite en meules.

Au début, c'était plutôt drôle. Cela nous amusait mais finissait par être fatigant. Nous avions les mains pleines d'ampoules. « C'était le métier qui rentrait », nous a-t-on dit. Notre après-midi s'est passé ainsi jusqu'au soir. Mais, si le travail était ardu, la soupe était bonne et, après dîner, il n'a pas été nécessaire de nous bercer, ni de nous éclairer, avec toutes nos ampoules !

Petit à petit, nous nous sommes habitués à notre nouvelle vie qui n'était pas faite que de moments difficiles. Dans la journée, il y avait école. C'était une classe unique dirigée par Mademoiselle Lallier.

Pour jouer avec les filles de la maison, nous avions pris possession, dans le fond du jardin, d'une maisonnette que l'on appelait « la maison des hirondelles », tant il y en avait qui envahissaient le toit. C'était notre « chez nous ».

La journée était bien rythmée : école, travaux des champs et un peu de récréation. Au fur et à mesure que le temps passait, nous nous rendions compte que nous étions considérés comme les « Cendrillons » de la maison. Un peu les « bons à tout faire », à commencer par les travaux les plus durs et les plus fastidieux, à la limite de nos moyens. En fait, on exigeait de nous ce que nous étions censés pouvoir donner à nos âges. Néanmoins, peu de nos copains étaient astreints aux champs comme nous l'étions. Les filles de la maison, elles, ne l'étaient jamais !

Sur le plan scolaire, nous mettions les bouchées doubles, enfin presque, pour parvenir au niveau de connaissances correspondant à nos âges fictifs. La classe unique a sans doute contribué à gommer les décalages qui pouvaient exister ici ou là. Si la maîtresse avait décelé quelques anomalies, nous étions prêts à les mettre sur le compte de notre état d'orphelins récents, quitte à lui faire porter la responsabilité de notre retard scolaire. Cela aurait été un motif plausible. Nous n'avons jamais eu besoin de recourir à un tel subterfuge et c'est tant mieux.

Monsieur P. travaillait toute la journée et nous ne le voyions pas très souvent. Si je le trouvais plutôt gentil, je dois avouer que je ne portais pas trop sa femme dans mon coeur. Elle était sévère avec nous, même si elle nous laissait un peu de temps pour les jeux et les loisirs.

Nous finissions par avoir beaucoup à faire et chaque saison apportait son lot d'activités différentes. Chaque matin avant d'aller à l'école, nous avions à nourrir les lapins. De deux choses l'une, ou bien ils étaient nombreux, ou bien ils avaient un appétit féroce. Cela pouvait être les deux à la fois. Et puis, il n'était pas question de leur fournir n'importe quelle herbe, comme celle taillée à la serpe. C'eût été trop simple, trop rapidement exécuté.

Nous devions cueillir les pissenlits au couteau. Chacun de nous deux avait un panier à remplir et ce n'était pas des paniers de poupées ! Pour aller plus vite, nous faisions bouffer, gonfler l'herbe. Mais à chacun de nos retours, Madame P. vérifiait notre travail et prenait un malin plaisir à bien tasser ce que nous avions ramassé : nous devions repartir combler la différence. Ce petit jeu reprenait le dimanche. Il s'agissait alors pour nous de remplir non pas de simples paniers, mais une belle et bien grosse brouette, tandis que les autres enfants pouvaient jouer tout à loisir.

Nous avons aussi appris à désherber, à la main, à butter les pommes de terre, à ramasser les doryphores. Les champs étaient immenses, ce n'étaient pas des jardinets. Il nous semblait ne jamais en voir le bout.

Le ramassage des pommes à cidre, c'était chaque jour à l'aube, avant la rentrée des classes ! Fouiller dans l'herbe, déjà recouverte par les gelées matinales, nous valait de bonnes onglées, bien fortes et bien durables.

Un jour même, après la moisson, Madame P. avait bénéficié d'un sac de cinquante kilos d'une denrée précieuse. Un seul défaut à cette manne providentielle, le blé était mélangé, pratiquement à égalité, avec des grains d'orge. Seuls habilités à la besogne, Henri et moi avons eu l'insigne honneur de trier et de séparer les grains. Je ne me souviens pas du temps que nous y avons passé. Nous étions au bord des larmes tellement c'était long et fastidieux. Physiquement, ce n'était pas bien fatigant, mais nous ne sommes finalement parvenus au bout de nos peines qu'à force de gestes mécaniques et au prix d'une résignation totale.

Quand on tuait le cochon, les bassines d'oignons à éplucher et à couper, c'était aussi pour nous. Et nous ne faisions pas semblant de pleurer !

Je garde de ces travaux des souvenirs impérissables qui ne figurent évidemment pas sur la liste des bons.

A chacune des visites que nous rendaient aussi régulièrement que possible Monsieur et Madame Gaston, nous leur faisions le récit de nos activités campagnardes. Nous n'appelions pas cela de mauvais traitements mais il ne fallait pas être grand clerc pour les considérer comme tels. Pour nous changer les idées et rompre avec cette ambiance, ils nous ramenaient quelquefois passer la journée chez eux à Saint-Pierre d'Autils.

Après leur départ, il nous suffisait de voir la tête de Madame P. et sa façon de nous rabrouer un peu plus durement pour savoir qu'ils étaient intervenus en notre faveur. Ils ne pouvaient pas laisser faire sans rien dire. Toutefois, ils devaient ménager la susceptibilité de notre gardienne, pour ne pas prendre le risque de s'entendre dire : « Si Serge et Henri ne sont pas contents, vous pouvez les reprendre ».

Nous étions à l'abri et nous devions le comprendre. Même si nos protecteurs étaient soucieux de notre bien-être, que pouvaient-ils faire de nous autrement ? Changer de famille était devenu impossible. Il nous fallait donc tenir, tenir pour durer et toujours « motus et bouche cousue ! » Mais nous nous étions bien familiarisés avec notre nouvelle peau, et, comme personne n'avait l'idée de nous poser de questions, cela nous facilitait la tâche.

Nous étions cependant dans une situation un peu délicate du point de vue religieux. Nous n'allions pas à la messe, pas plus qu'au catéchisme, alors que c'était chose courante pour les enfants de Pressagny. Nous étions souvent sollicités mais déclinions régulièrement l'invitation. Nous n'étions pas intéressés et, quand bien même nous l'aurions été, le curé de la paroisse nous refuserait l'entrée. Nous n'étions pas baptisés, nos parents « Maëll-staff » étant orthodoxes. Nos réponses n'avaient donc rien d'étonnant.

Déjà chez nos parents, la pratique du culte nous était étrangère, à part le respect de quelques traditions — telles que le Grand Pardon mais sans le jeûne — comme sont devenues les fêtes de Noël ou de Pâques pour la plupart des gens.

Mais nous étions maintenant orphelins, nous ne pouvions demeurer plus longtemps des brebis égarées...

Pour notre avenir, pour recréer autour de nous une solidarité morale, voire un tissu familial, l'église nous ouvrait chaleureusement ses portes. A la condition d'être reconnus par elle comme ses nouveaux fils, condition qui passait par notre baptême.

Cette perspective ne nous plaisait pas trop. Pas plus à nous qu'à nos protecteurs, qui essayaient de gagner du temps. Mais la guerre durait, et tergiverser longtemps n'était plus tenable. Si cela pouvait nous servir, apaiser l'esprit de quelques « grenouilles de bénitier » et d'autres bigots, autant recevoir le baptême. Il ne restait plus qu'à convenir de la date et, « fouette cocher ! »

Il nous a encore été possible de grignoter quelques petites semaines avant notre intronisation, car, par les temps difficiles que nous vivions, respecter les dates fixées n'était pas chose aisée.

Nous avons finalement été baptisés vers la fin du printemps 1944, par une belle journée ensoleillée. Nous étions les vedettes, les héros du jour, comblés de félicitations et de cadeaux. Nous étions nombreux à fêter ce jour, Monsieur et Madame Gaston et leurs enfants étaient à nos côtés. Le repas de midi s'est déroulé en plein air. (Comme quoi il ne pleut pas toujours en Normandie !). Huguette était ma marraine et Roger Guesnier mon parrain. Ils étaient mes aînés de quelques années. Pour faire plus sérieux, Henri avait choisi des adultes, Monsieur Gaston et Madame Renée P.

Roger habitait à Notre-Dame de l'Isle, à un kilomètre de Pressagny et sa famille fréquentait celle de Madame P.

Son père, Raymond Guesnier était un homme de haute et forte stature, jovial, toujours de bonne humeur. Lui aussi était de la fête. Jamais, lorsqu'il passait à Pressagny, il ne manquait d'échanger quelques mots avec moi. Il me faisait toujours l'amitié d'un moment. Je crois qu'il m'aimait bien et je lui rendais cette affection. Je l'ai beaucoup regretté en quittant Pressagny l'Orgueilleux.

Les festivités terminées, la vie a repris son cours avec le catéchisme et la messe du dimanche en supplément. Comme j'apprenais bien, j'ai vite pris du galon et je me suis retrouvé enfant de choeur à servir la messe. Je trouvais ça marrant, encore plus quand, avant les offices, nous nous retrouvions tous à la sacristie. Nous nous amusions bien. Nous avons même eu l'honneur de rencontrer Monseigneur l'Evêque du moment, au cours d'une cérémonie qui récompensait les meilleurs éléments. Je crois bien qu'avec Henri nous étions parmi les premiers du diocèse.

Un petit mot de félicitations, une caresse dans les cheveux, une autre sur la joue, l'évêque nous encourageait à poursuivre dans la bonne voie. Il ne nous restait plus qu'à baiser l'anneau qu'il portait au doigt et qu'il nous tendait avec la nonchalance et la dignité dues à son rang. Tout allait donc pour le mieux dans le meilleur des mondes.

La Libération a mis un terme à tous ces projets religieux. Ce qui ne m'a jamais gêné, dans la mesure où, y compris pour la religion juive par la suite, je n'ai jamais eu la moindre foi. Pas plus hier qu'aujourd'hui, même si je respecte tous ceux pour lesquels la religion a une signification.

Cette péripétie, qui au demeurant n'était pas une peccadille, ni sur le fond ni dans la forme, trouvait sa justification dans le contexte de l'occupation et la nécessité d'assurer notre sécurité.

La guerre n'était pas finie. Les restrictions étaient sévères pour les citadins. Les Parisiens qui venaient se ravitailler dans les fermes nous donnaient des nouvelles. Nous, les gamins, nous leur vendions des bricoles, chapardées par ailleurs, mais précieuses pour eux. Cela nous faisait un peu d'argent de poche. Le plus rentable, c'étaient les fraises des bois fraîchement cueillies et vendues par pots à lait entiers. Nous pouvions nous permettre ce petit commerce car nous ne manquions de rien sur le plan alimentaire. Au contraire, c'était copieux et bon.

Par ces citadins, nous savions que la guerre se faisait plus dure, les arrestations plus massives et que les exécutions d'otages en représailles se multipliaient. C'est vers cette période que nous avons commencé à entendre le mot « déportation ». Nous ne faisions cependant pas encore de rapprochement avec ce qui était arrivé à nos parents. Il arrivait aussi à Monsieur et Madame P. d'écouter Radio-Londres et nous avons peu à peu appris les réalités que recouvrait le mot « résistance ».

Si à Montfermeil nous n'avions pas vu beaucoup d'Allemands, ce n'était plus le cas à Pressagny. Sa proximité avec Vernon où les contingents de l'armée étaient nombreux, faisait qu'ils venaient souvent dans le bourg. Le village et surtout les rives de la Seine étaient un lieu de promenade et de baignade à la belle saison. Ils avaient plutôt un comportement correct et gentil et il nous arrivait souvent de nous baigner et de jouer dans l'eau avec eux. Cela peut paraître curieux et pourtant...

Même au cours de ces parties aquatiques auxquelles des adultes participaient aussi, nous ne perdions pas de vue que c'étaient des boches et qu'ils étaient nos ennemis. De plus, comme je connaissais le yiddish, langue assez proche de l'allemand, je comprenais bien ce qu'ils se disaient mais je ne pouvais en discuter qu'avec Henri. Toujours la sacro-sainte règle qui était la nôtre : « Motus et bouche cousue ! » En d'autres circonstances, nous aurions été fiers de servir d'interprètes.

Il leur arrivait d'évoquer leur ras-le-bol de la guerre, leur nostalgie du pays, de leurs familles. En jouant avec nous, ils retrouvaient les enfants qu'ils avaient quittés depuis longtemps. Le monde entier était sous la botte hitlérienne, mais pour eux, la guerre n'était pas seulement leur pas de l'oie.

Nous savions aussi de quelles atrocités, de quels actes de barbarie ils étaient capables. Nous le savions par Radio-Londres que la famille P. nous autorisait à écouter avec elle. Ainsi les escadrilles de forteresses volantes qui passaient régulièrement au-dessus de nos têtes n'étaient plus un mystère. Nous savions que les escorteurs anglais ou américains, les fameux chasseurs « double queue », affrontaient l'aviation allemande lors des batailles aériennes auxquelles nous assistions.

Nous trouvions quelquefois dans la campagne des conteneurs largués du ciel que nous transformions en petits canoës individuels pour nous amuser.

Pour Monsieur Georges P., comme pour de nombreux hommes du village, la guerre n'était pas un divertissement. Régulièrement, Georges P. quittait le foyer après le dîner, une musette casse-croûte sur l'épaule pour passer la nuit à garder la voie de chemin de fer Paris-Rouen. Il était comme d'autres, responsable de la sécurité des rails ou des trains qui transportaient les troupes. Toutes les nuits, cette liaison ferroviaire était ainsi sous la surveillance de civils réquisitionnés par l'occupant.

La guerre était donc très présente. Elle l'était tellement que nous avons frôlé, de la façon la plus inattendue, une véritable catastrophe. Si l'issue en avait été différente, nous aurions pu, Henri et moi, en être les premières victimes.

En plein centre du bourg, face à la mairie et à l'école, résidait un dénommé Larrieu, ancien militaire de carrière, marié à une femme d'origine allemande. Il avait, dès le début des hostilités et à l'appel de Pétain, choisi le camp de la collaboration. Non pas celle de la sympathie passive, mais bien celle de l'engagement actif.

Ses différents états de services, sa fidélité à Vichy, l'avaient amené au poste d'administrateur des biens juifs, anglais et américains pour cette région de Normandie. C'était donc un haut dignitaire, un des responsables du régime au service des nazis. Je crois que presque tout Pressagny connaissait ses activités. Sa situation matérielle s'était plutôt améliorée. L'administration des biens qu'il avait été appelé à gérer devait y être pour quelque chose.

Or, ce Larrieu n'était autre qu'un ancien client du magasin de Monsieur Gaston. Ce dernier avait appris les préférences et les choix politiques de cette connaissance mais il était loin de se douter qu'il demeurait de façon intermittente à Pressagny.

Vers la fin août 1944, au cours d'une de leurs visites, Monsieur Gaston et sa femme se sont trouvés nez à nez avec Larrieu. Il n'est pas certain que Larrieu ait reconnu celui que nous commencions à considérer comme notre tuteur, mais nous risquions tous d'avoir perdu notre incognito. Les nazis et leurs collaborateurs étant capables du pire, la seule lueur d'espoir était que Larrieu n'ait pas situé précisément ces gens qu'il avait croisés au détour de sa rue. C'était l'hypothèse la plus optimiste, mais qui n'offrait, bien entendu, aucune garantie.

Dans les jours qui ont suivi, plus précisément le 1er septembre — c'est cette date qui a été retenue par l'état civil —, le couple Larrieu a été retrouvé mort, dans un état de décomposition avancée. Quant aux causes du décès, les versions divergeaient.

Parmi les thèses avancées, celle qui semble être tenue pour officielle fait état du repêchage de deux cadavres dans la Seine. Une autre version affirme que les époux Larrieu auraient été retrouvés égorgés à leur domicile. Quoi qu'il en soit, le moyen utilisé pour les faire disparaître avait été d'une discrétion absolue.

Cette affaire a fait l'effet d'un coup de tonnerre dans un ciel apparemment serein, même dans les tout premiers jours qui ont suivi l'accueil de nos libérateurs anglais. La Libération était l'événement majeur, mais dans ce bourg aux allures tranquilles, des gens avaient été tués.

Les ragots, les commentaires, les informations les plus divers et contradictoires ont circulé et circulent encore à propos de ces décès. Certains parlent de crime crapuleux visant à s'approprier des biens indûment détenus par les Larrieu, d'autres évoquent un acte de vengeance. Quelques uns, les moins nombreux, attribuent cet acte à la résistance locale qui se serait chargée de l'exécution des collaborateurs.

Cette dernière hypothèse est certainement la plus probable, la plus cohérente. En tout cas, elle correspond le mieux aux événements que je retiens. Tous les villageois, ou presque, connaissaient l'activité collaborationniste de Larrieu, mais préfèrent attribuer ces exécutions à d'autres qu'à la Résistance. C'est semble-t-il ce qui semble satisfaire majoritairement les esprits.

Je ne saurais reprocher, quant à moi, cette action de salubrité publique aux résistants qui se sont engagés, les armes à la main, dans un combat sans merci contre le fascisme. Les excès discutables qui ont pu être commis en cette période trouble ne peuvent effacer, à mon sens, la somme d'actes lucides, courageux, héroïques, des femmes et des hommes de la Résistance.

Quand on sait aujourd'hui qu'il a fallu attendre plus de quarante ans pour que Touvier soit jugé ! Sans compter tous ceux qui ne le sont pas encore, qui ne le seront jamais ou qui sont morts tranquillement dans leur lit.

La mesure n'est pas équitable entre la sévérité presque sans appel à l'encontre de certaines fautes reprochées à la Résistance et la mansuétude accordée aux pires criminels de guerre. Les résistants se sont battus contre les nazis, les collaborateurs et la milice de Pétain. D'autres ont agi et résisté sous les formes les plus diverses, de la plus anodine à la plus héroïque. C'est à tous ceux-là que vont mes sentiments de respect. C'est à tous ceux-là que je dois encore la possibilité de le dire.

Pour paraphraser De Gaulle à qui l'on demandait la grâce de Touvier, je dirais comme lui : « Touvier ? Douze balles dans la peau !» Et cela vaut pour tous les criminels de guerre.

Toujours est-il que durant ces dix derniers jours d'août 1944, mon frère et moi l'avons peut-être échappé belle, et pas seulement nous.

XI

DEPUIS plusieurs semaines, les activités militaires s'intensifiaient, les mouvements de troupes allemandes en direction des côtes étaient devenus permanents. Les bombardiers alliés passaient toujours au-dessus de nos têtes mais n'allaient plus aussi loin que précédemment. Leurs cibles étaient beaucoup plus proches. Il s'agissait avant tout de ralentir, sinon d'empêcher les déplacements des Allemands. Les ponts sur la Seine étaient visés en priorité.

Le plus proche, à Vernon, a été bombardé à plusieurs reprises, de jour comme de nuit, avant d'être touché et détruit. Quelquefois, sans doute à cause de l'intensité des tirs de DCA, les bombes réservées au pont de Vernon étaient larguées un peu trop tôt. Ce qui a valu à Pressagny d'être victime de bombardements alliés.

Dès l'alerte donnée, toute la maisonnée se réfugiait dans l'abri que Georges P. avait creusé et aménagé dans le jardin, derrière la maison. La casemate était solide et bien étayée. Tout était prévu pour soutenir un siège. Elle était pourvue de quoi dormir et d'un stock de conserves et de produits alimentaires divers qui restaient là en permanence. Il y avait même l'électricité.

Mais ce qui nous intéressait le plus, c'était de voir ce qui se passait dans le ciel. Dès que nous en avions la possibilité, nous mettions le nez hors de l'abri pour assister au spectacle. Les avions descendaient en piqué et larguaient leurs bombes avant de reprendre de l'altitude. Les batailles de chasseurs nous tenaient en haleine et quand un avion boche était touché et s'écrasait, c'était du délire.

A la fin des alertes, nous nous précipitions vers les cratères creusés par les bombes. Par chance, celles qui sont tombées dans le village n'ont fait aucun dégât. C'est le long de la Seine qu'elles avaient explosé en laissant des trous impressionnants. Nous, les gamins, nous ramassions les éclats de bombes pour en faire des objets de collection ou de troc.

Le soir du 25 août, nous finissions de dîner quand la grande nouvelle est tombée. Un voisin venait annoncer l'arrivée des premiers soldats alliés dans le bourg. C'étaient des Anglais.

Il y avait beaucoup de monde dans la rue de La Marette. Le point de ralliement de nos libérateurs était presque en face de chez nous. Les soldats anglais étaient guidés par des hommes portant le brassard des F.F.I.. Je ne les connaissais pas tous, mais il y avait parmi eux le père de notre copine Christiane Neuville et surtout Raymond Guesnier. Je me suis précipité vers lui pour l'embrasser. Je ne sais pas qui, de lui ou de moi, était le plus content. Le cauchemar prenait fin. Les gens étaient heureux, ça discutait dans tous les coins, partout en même temps.

Chacun voulait son ou ses Anglais chez lui, mais les soldats, comme les résistants, devaient rester vigilants. Les Allemands étaient encore aux alentours.

Moi, je jouais avec le revolver que Raymond Guesnier portait à sa ceinture et qu'il m'avait mis dans les mains sans le lâcher complètement. Le spectacle n'a pas dû plaire à Madame Renée P. qui m'a envoyé immédiatement au lit. Ma première soirée de « libéré » se terminait là, parce qu'on ne « laisse pas les gosses jouer avec des armes à feu ! »

En fait, nous n'étions pas tout à fait libérés. Au cours de la nuit, les échauffourées se sont succédées entre Anglais, F.F.I. et Allemands. Le père de Christiane, lors d'une ronde avec Guesnier, s'est retrouvé nez à nez avec deux soldats allemands revenus dans le village. L'un deux, braquant sa mitraillette, allait lui tirer dessus à bout portant. Sa vie n'a tenu qu'au réflexe qui lui a fait abaisser le canon. La rafale l'a toutefois atteint à hauteur des cuisses et blessé grièvement. Les Anglais l'ont emmené à Londres où il a été soigné pendant plusieurs mois avant de revenir au pays.

La bataille faisait rage, les tirs se succédaient entre Pressagny et Notre-Dame de l'Isle où se trouvaient encore les Allemands. Les Anglais avaient installé leurs avant-postes tout au fond du jardin de la famille P., à la lisière des champs. La plaine était nue sur toute cette partie-là, aucune habitation ne venait couper le champ de vision.

Avec Henri, nous étions chargés de leur porter de quoi boire et manger. Ce qui les changeait de leur ration de corned-beef. Cette tâche que nous assumions avec la plus grande diligence, nous permettait de rester un moment avec eux, allongés dans leurs tranchées. Nous participions en spectateurs aux combats et aux échanges de tirs, coiffés de leurs casques et armés de leurs jumelles pour être au plus près de l'événement.

Nous avions de cette façon le sentiment d'être partie prenante. Les coups de fusils, les rafales de mitrailleuses lourdes ou légères ne nous faisaient pas peur du tout. Inconscience de la jeunesse ? Sûrement ! Habitude depuis 1942 de vivre quelque peu dangereusement ? Aussi ! Très certainement les deux à la fois.

Nos absences prolongées n'étaient pas sans inquiéter Madame P. qui nous faisait rappeler à l'ordre. Nous quittions nos soldats avec une seule idée en tête, retourner avec eux à la première occasion. Tirer sur les Allemands, nous aurions bien aimé pouvoir le faire autrement qu'à travers des verres grossissants mais nous étions bien trop jeunes pour que les Anglais nous confient leurs armes.

Nous étions suffisamment grands pour qu'ils nous livrent leurs secrets. Par exemple, comment percuter une balle de fusil en tapant d'un coup de marteau avec un poinçon, au cul de la douille. Il fallait coincer la balle dans un étau ou entre deux pierres, frapper l'amorce d'un coup sec et la balle partait comme si elle sortait du canon de l'arme. Il valait mieux ne pas se trouver sur la trajectoire. Mais nous étions vigilants. Des balles perdues, on en trouvait plein, dans le village comme dans les champs.

Ils nous ont aussi appris comment faire sauter la balle de la douille pour récupérer la poudre. Celle des balles allemandes se présentait sous forme de petites paillettes noirâtres, celle des balles alliées sous forme de minces bâtonnets vert clair. Une fois vidée, on pouvait s'amuser à percuter la douille : cela faisait le bruit d'un coup de feu mais c'était sans danger et tellement amusant !

Notre aventure militaire n'a duré que deux jours, jusqu'à la libération définitive de Pressagny l'Orgueilleux, le 27 août 1944.

Pressagny libéré, Paris libéré, nous pouvions Henri et moi envisager un nouveau départ, franchir une nouvelle étape. Plus exactement un nouveau départ, une nouvelle étape pouvaient être envisagés pour nous. En fait, l'un et l'autre étaient déjà en gestation.

XII

Nous allions bientôt quitter Pressagny et le foyer dans lequel nous avions vécu près d'un an et demi pour découvrir une nouvelle destination. J'allais partir sans beaucoup de regrets. Certes, les copains et les copines allaient nous manquer. Raymond Guesnier, le curé et l'institutrice aussi. Le premier était mon ami, les seconds avaient été gentils avec nous.

Singulièrement, en ce qui concerne la famille P., je n'avais personne à regretter, mise à part Arlette, la fille cadette avec laquelle je m'entendais bien. Huguette, l'aînée, était la « chouchou » de sa mère et se comportait un peu à la manière des soeurs de Cendrillon, exigeante et autoritaire à la fois.

Cette année et demie n'a cependant pas été une période particulièrement difficile. Nous avons vécu de bons moments et appris bien des choses de la vie rurale et agricole.

Si Madame Renée P. travaillait sa propre terre, elle était aussi fermière de son état. Nous allions avec elle dans les fermes du voisinage, nous occuper du bétail et traire les vaches, tant bien que mal.

Nous étions aussi chargés du ramassage des oeufs que nous allions dénicher dans les endroits les plus inattendus Nous prenions plaisir à en gober quelques uns en cachette. Le chapardage donne un goût tellement inimitable aux choses !

La moisson figure, elle aussi, dans le registre des bons moments. Le travail était dur mais il avait l'avantage d'être assuré collectivement. Jeunes et moins jeunes, chacun y prenait part dans une ambiance amicale. Tout le monde paraissait heureux. Nous suivions la moissonneuse, ramassions les gerbes de blé pour les entasser sur d'immenses charrettes et, suprême récompense pour nous les enfants, nous avions le droit de nous installer tout en haut du chargement pour ramener le blé à la ferme. Nos parties de rigolade dans la paille, en attendant la batteuse, nous permettaient de souffler un peu avant de repartir glaner dans les champs les épis qui avaient échappé aux moissonneurs. C'était un peu moins drôle !

La récolte se terminait par un plantureux repas auxquels participaient tous ceux qui avaient mis la main à la pâte.

A l'époque des labours, j'avais le privilège d'être installé sur le dos d'énormes percherons pendant que le cultivateur dirigeait la charrue qui retournait la terre en creusant des sillons bien droits.

Le jour où l'on tuait le cochon était un autre jour de fête. Les oignons nous faisaient pleurer, Henri et moi, mais c'était un plaisir de voir l'animal se transformer en boudins, pâtés, saucissons et autres salaisons.

De la même façon, nous oubliions vite la corvée du ramassage des pommes aux aurores car la fabrication du cidre était une activité très ludique, et le jus de pomme, bu à grandes lampées au sortir du pressoir, un vrai régal !

Pour conclure ce chapitre de notre vie, il me faut encore signaler qu'Henri, avant ces grandes vacances de 1944, avait passé avec succès son B.E.P.C. (Brevet élémentaire primaire complémentaire). Il n'était pas peu fier de son résultat, je ne l'étais pas moins. Il avait réussi un examen ouvert aux enfants de quatorze ans alors qu'il n'en avait que douze. C'était une petite victoire sur l'adversité.

XIII

LORSQUE nous avions été placés en Normandie, aucune date n'avait été envisagée et encore moins fixée pour la fin de notre séjour. Nous n'étions pas encore orphelins de guerre, simplement et plus modestement orphelins civils. Rien ne justifiait donc que soit mis un terme au contrat tacite et moral passé entre Monsieur Gaston et notre famille d'accueil. L'idée de notre départ n'avait jamais effleuré la famil le P.

Rien ne pouvait en effet leur laisser supposer qu'il y ait une relation entre la Libération et la fin de notre statut de pensionnaires.

Malgré toutes ses précautions oratoires, Monsieur Gaston ne pouvait éviter que la nouvelle de notre départ ne surprenne Monsieur et Madame P. Auraient-ils été de mauvais parents nourriciers ? Auraient-ils eu un comportement trop dur avec nous ? Quand bien même les relations enfants-adultes connaissent inévitablement des hauts et des bas, les enfants avaient-ils été malheureux chez eux ? Autant de questions qu'ils pouvaient légitimement se poser en de pareilles circonstances.

Mais ils n'étaient pas au bout de leurs surprises ! En les informant des véritables motifs de notre prochaine séparation, Monsieur Gaston devait s'exposer au plus grand de leur courroux.

L'arrestation de nos parents, notre salut dans la clandestinité, notre changement d'identité, rien ne pouvait justifier ces dix-huit mois. Ils avaient été abusés, ils avaient hébergé et nourri deux enfants sans savoir qu'ils étaient juifs ! C'était pour eux impossible à admettre.

Serge et Henri, deux enfants si gentils ! Des petits juifs qu'ils avaient fait baptiser, dont l'un était même devenu enfant de choeur. Comment cela avait-il été possible ? Le ciel leur serait tombé sur la tête qu'ils n'auraient pas réagi différemment. Et la rumeur publique, Monsieur Gaston y avait-il seulement songé ? Comment les villageois allaient-ils apprécier le danger que ces deux gamins avaient fait courir au village ? La moindre imprudence aurait même pu coûter cher à toute leur famille !

Au milieu de cette tempête, Henri et Albert renaissaient pour se sentir coupables de crimes qu'ils n'avaient pas commis.

Si Monsieur Gaston avait pu penser un seul instant que les P. allaient faire contre mauvaise fortune bon coeur, en apprenant qu'ils avaient contribué à protéger deux enfants en danger, il s'était lourdement trompé.

La colère est mauvaise conseillère, dit-on. Je crois bien que Madame P. a été bien mal inspirée en déposant une plainte en justice contre Monsieur Gaston. Elle estimait que les risques qu'il leur avait fait courir méritaient, rétroactivement, réparation.

La stupéfaction était en train de changer de camp. Un procès en dommages et intérêts ! Il fallait un certain cran pour l'engager.

D'autant qu'à cette époque, le motif de la plainte ne devait pas être des plus appréciés par les magistrats chargés de les enregistrer. Sans doute des conseils judicieux ont-ils ramené à la raison Madame P. qui a retiré sa plainte et abandonné toute poursuite.

Si je me dois de rappeler cet épisode, c'est qu'il fait partie des souvenirs marquants de cette enfance ballottée. Il n'est pas question ici de régler des comptes, ce n'est ni mon propos ni mon désir.

XIV

LES RELATIONS n'étaient donc plus au beau fixe avec la famille P. Nous allions être « transférés » plus rapidement que prévu, le temps qu'une institution d'accueil nous ouvre ses portes.

Dans un premier temps, nous avons renoué avec notre identité d'origine. Il n'était pas besoin de stage d'initiation cette fois. Tout de même, j'ai eu quelques hésitations à orthographier correctement mon patronyme.

Le calme était revenu. Nous étions fin prêts pour rejoindre Versailles où un orphelinat nous attendait, sous un ciel devenu plus clément.

Ce centre était géré par « La Colonie Scolaire », un organisme dont le siège social se situait rue Amelot à Paris. A l'origine, il n'avait pas pour vocation de recueillir des orphelins. Ce sont les réalités de l'après-guerre qui l'avaient conduit à assumer cette responsabilité.

A sa création, dans les années 1926-1930, « La Colonie Scolaire » était une association mutualiste d'entraide, réservée à la population juive. Elle en gérait les dispensaires et animait les œuvres sociales. On qualifierait aujourd'hui ce type d'organisme d'association caritative.

La guerre avait complètement modifié ses activités. Au début, croyant pouvoir négocier avec le nouvel ordre politique établi par Pétain, voire avec les autorités allemandes, « La Colonie Scolaire » avait regroupé officiellement des enfants juifs dans ses centres d'accueil. Très rapidement, la décision fut prise de les disperser, avec les autorisations parentales, à travers toute la France, dans des familles d'accueil. Devenue clandestine, la direction continuait de suivre les enfants dont elle avait la charge et assurait la liaison avec leurs parents, tant que cela a été possible.

Tout au long de la guerre, cette direction avait fait en sorte que les frais de pension soient régulièrement acheminés. Après 1944, au fur et à mesure que les départements se libéraient, les enfants étaient réunis dans les centres de Versailles ou de La Varenne-Saint-Hilaire pour permettre le regroupement des familles.

Sur le plan financier, « La Colonie Scolaire » pouvait fonctionner grâce aux dons versés par des particuliers, à des subventions d'Etat peut-être, mais aussi aux financements substantiels venant des Etats-Unis d'Amérique, par le canal du JOINT, organisme de dimension internationale qui regroupait le lobby juif américain.

Politiquement, « La Colonie Scolaire » se situait dans la mouvance social-démocrate et laïque avec des orientations sionistes de plus en plus marquées qui se renforceront avec la création de l'Etat d'Israël. Son organisation de jeunesse, l'« Hachomair Atzaïr », militait pour l'installation et le développement des kibboutz. En cette fin d'année 1944, cela ne nous concernait pas encore.

Cette « maison d'enfants » occupait un ancien hôtel particulier, au milieu d'un très grand parc. Elle n'était pas tout à fait un orphelinat car certains d'entre nous avaient un père, une mère, voire des oncles ou des tantes.

Avec Henri, nous faisions partie de ceux qui n'avaient plus de famille mais nous avions des amis, Monsieur et Madame Gaston qui faisaient office de tuteurs. C'était un avantage par rapport à celles et ceux qui n'avaient vraiment plus personne. Leur sort était plus triste que le nôtre.

Début octobre 1944, nous sommes arrivés dans notre nouveau « chez nous ». Monsieur Gaston nous a présentés au directeur de l'établissement et à sa femme : « Celui-là, c'est Albert ! Vous verrez il est plutôt du genre turbulent mais il est très gentil. Quant à Henri, le plus grand, vous n'aurez pas de problème avec lui : c'est un garçon aussi sage que calme ». Ces portraits correspondaient assez bien à la réalité.

Il était convenu que nous serions autorisés le dimanche à nous rendre à Boulogne-Billancourt chez Monsieur et Madame Gaston, quand eux-mêmes ne viendraient pas nous voir.

L'« orphelinat-maison d'enfants » qui nous accueillait nous prenait totalement en charge, dégageant ainsi Monsieur et Madame Gaston des responsabilités qu'ils avaient assumées depuis plus de deux ans.

Même en ces nouvelles circonstances, alors qu'ils étaient pris par leurs activités commerciales et professionnelles, l'un comme l'autre n'ont jamais cessé de se préoccuper de nos vies.

XV

Au COURS de nos pérégrinations qui, comme chacun sait, forment la jeunesse, nous avions appris des noms communs et des noms propres qui nous étaient devenus familiers.

« Arrestations », nous connaissions déjà depuis un moment. Nous jouions assez souvent aux gendarmes et aux voleurs à l'école. De la même façon, nous savions depuis belle lurette ce que voulaient dire « otages, tortures, dénonciations, condamnations à mort et exécutions sommaires ».

C'est avec « déportation » que nous avions à nous familiariser. Nous étions déjà des enfants de la « déportation », pas encore des enfants de « déportés ». Drancy, Pithiviers, Beaune la Rolande, Auschwitz, Dachau, Buchenwald, étaient maintenant des lieux connus par tous les gosses de cette maison de Versailles.

Chacun pouvait raconter l'itinéraire de ses parents, frères, soeurs, oncles, tantes et amis proches de leur famille. C'est vers cette période que l'on nous a révélé celui de nos parents. Nous en étions restés aux projets qu'ils nous avaient confiés lors de notre séparation à Montfermeil. Et nous apprenions maintenant qu'ils n'avaient pas pu ou su se cacher, éviter l'arrestation, le Vel'd'Hiv, Drancy puis Auschwitz.

Auschwitz était un camp de concentration. Des Juifs

venus de tous les pays d'Europe y étaient parqués parmi bien d'autres déportés et astreints à des travaux pénibles comme dans un bagne. Nous n'allions pas tarder à savoir qu'il s'agissait d'un camp d'extermination de masse. Nous allions découvrir avec le monde entier, ce que cette formule recouvrait d'horrible réalité.

Tous ces morts allaient désormais faire partie de notre vie.

A Versailles, nous étions environ une trentaine de filles et garçons de six à quatorze ans. Tous issus de familles modestes, des familles ouvrières mais surtout d'artisans, dans des métiers manuels traditionnellement réservés aux Juifs : tailleurs, fourreurs, façonniers en cuirs et peaux, maroquiniers, etc.

Cette maison d'enfants était dirigée par Christophe et Léna Tcharikoff, un couple d'émigrés russes qui avaient fui leur pays au moment de la Révolution d'Octobre, dans les années 1918-1920. Lui se faisait appeler Christic, il avait été avocat au barreau de Moscou. Sa femme que nous appelions Iéna, était issue d'une famille de l'aristocratie russe et n'avait jamais travaillé. Elle avait une connaissance parfaite du français qu'elle avait appris en première langue, comme c'était de mise dans son milieu.

Ce couple, proche de la cinquantaine, était très cultivé. Ensemble ou à tour de rôle, ils se mettaient tous les jours au piano pour nous initier à la musique. Les échecs, leur jeu de prédilection, n'avaient plus de secrets pour nous.

Christic avait l'air bourru, son regard paraissait sévère à travers ses grosses lunettes à montures d'écaille, lorsqu'il ne chaussait pas son pince-nez. Iéna se tenait toujours très droite, ni raide ni hautaine, mais d'un port qui devait lui avoir été imposé depuis son plus jeune âge tant il semblait naturel. Elle se déplaçait toujours les coudes le long du corps, les bras légèrement en avant avec l'air de porter aux bouts des doigts des mouchoirs de dentelle. C'était sa façon d'être, pas de paraître. Iéna et Christic étaient des gens admirables, le coeur sur la main, la nostalgie de leur pays chevillée au corps.

Ils n'étaient pas communistes, peut-être même pas sympathisants, mais ils nous ont appris l'Armée Rouge, l'armée de leur pays. Ils en parlaient souvent. Ils le faisaient autant avec leur coeur qu'avec leur raison. Cette armée était rouge. Mais elle était, avant tout, l'armée de leur Russie natale.

Nous nous régalions aussi des histoires qu'ils nous racontaient. C'étaient de vrais conteurs, nous étions littéralement transportés, bouche bée, pendus à leurs lèvres. Je crois que Iéna et Christic aimaient bien leur petite troupe, pour ce qu'elle était, et peut-être aussi pour ce qu'elle représentait pour l'avenir auquel ils essayaient de la préparer.

Dans cette maison du quartier Montreuil de Versailles, nous nous sentions vraiment chez nous. L'ambiance y était chaleureuse. Et pourtant, nous avions renoué avec les restrictions, et la pénurie alimentaire était sévère. Mais je préférais, et de loin, cette situation à celle que nous avions connue en Normandie.

Malgré le bon appétit qui ne m'a jamais quitté, je suis tenté de dire que la nourriture était quasi immangeable. Une infâme bouillie de flocons d'avoine, cuite à l'eau, tenait régulièrement lieu de plat de résistance. Tout aussi régulièrement, elle prenait le chemin des bouches d'aération de la cheminée du réfectoire, dès que les directeurs et la monitrice avaient tourné le dos.

Nous n'avions pas de problèmes de poids ou d'embonpoint à ce moment-là, cela va sans dire.

Ce régime était ponctué, une fois par semaine, d'un plat russe qu'Iéna avait préparé. C'était une énorme tourte de hachis parmentier. Il n'y en avait jamais assez et, ces jours-là, le manteau de la cheminée restait à jeun. Au fil des mois, mais trop lentement au gré de tous, la situation alimentaire allait s'améliorer. La cantine du lycée y était pour une bonne part.

En effet, dès que nous avions été installés, Christic avait entamé des démarches pour assurer notre scolarisation, les garçons au lycée Hoche, les filles au lycée La Bruyère. Tous ceux qui en avaient l'âge avaient été inscrits sans être astreints au concours d'entrée qui était pourtant la règle.

Christic avait déployé tous ses talents de persuasion — il avait été avocat — pour obtenir de la direction nationale de « La Colonie Scolaire » l'autorisation d'inscrire ses enfants dans des établissements scolaires secondaires. Sa volonté était de nous assurer un maximum de chances. Paris ne partageait pas complètement ce point de vue. Les études longues étaient aussi coûteuses.

La tendance était plutôt à la communale pour les plus jeunes, à l'apprentissage pour les plus âgés. J'ai néanmoins fait mon entrée en sixième.

XVI

L E CHATEAU de Versailles et son parc sont devenus, dès les premières semaines de notre arrivée, des lieux de promenade privilégiés. Notre espace de jeux occupait tout le parc dont nous finissions par connaître tous les coins et recoins.

Le camp de Satory nous attirait tout particulièrement. Il avait été occupé par les troupes allemandes et, pour battre en retraite plus aisément, elles étaient parties sans armes ni bagages ! Tout avait été laissé sur place, armement lourd, armement léger, objets de toutes sortes et accessoires de sport. Nos visites à Satory étaient toujours fructueuses. Nous nous sommes ainsi constitué un véritable arsenal. Pistolets, revolvers à barillet, mitraillettes légères ou semi-lourdes... Nous pouvions jouer « pour de vrai » aux cow-boys et aux soldats. Nous avions même les munitions.

Tout ce matériel, il va sans dire, devait intégrer la maison dans la plus grande discrétion. Nous faisions partie, Henri et moi, des quelques rares initiés qui participaient à ces opérations pirates.

Sabres, fleurets, gants de boxe, échelles de cordes, cordes lisses et à noeuds, trapèzes, anneaux, tout ce matériel était officieusement admis dans l'orphelinat. Christie et Iena fermaient les yeux. D'où qu'il provienne, il permettait d'initier leurs petits pensionnaires aux activités sportives.

Pour les armes, nous en étions les seuls propriétaires et il n'était pas question de les pendre aux râteliers. Le fond du parc était notre quartier général, nous y avions installé notre stand de tir.

Henri et moi étions à la tête de cette petite troupe car notre récente expérience dans les tranchées anglaises nous désignait naturellement comme les meilleurs instructeurs. Le maniement des fusils et des revolvers n'avait plus de secret pour nous !

Il n'était pas besoin de beaucoup d'accessoires. Des boîtes de conserves, quelques billots de bois faisaient l'affaire. Les exercices pouvaient commencer ! Aux premières détonations, nous avons semé un véritable vent de panique dans la maison comme dans le voisinage. Le parc avait beau être vaste, il ne l'était quand même pas assez pour que nos tirs demeurent clandestins.

Le temps pour Christic de réaliser que les détonations provenaient de notre aire de jeux et nous avions déjà tout remis en ordre. A nous trouver tranquilles ou presque, il ne pouvait pas imaginer que nous étions les auteurs des coups de feu. Il était indigné par l'irresponsabilité de ces amateurs qui avaient mis en péril la vie de ses pensionnaires.

Evidemment, nous ne mesurions pas les risques que nous prenions. Ces amusements auraient pu tourner au tragique. Par chance, aucun d'entre nous n'a été blessé et ce n'est pas faute d'avoir renouvelé nos expériences, dès que l'occasion se présentait, en particulier lorsque la direction s'absentait. Quand je pense que, longtemps après, je n'aimais pas trop voir mes propres gamins jouer avec des pistolets à amorces !

Toute cette ambiance créait des liens. Nous nous entendions dans l'ensemble plutôt bien, maintenant que l'orphelinat avait ses effectifs au complet.

Il n'y avait pas de corvées, sinon nos lits à faire, ou les « pluches » de temps en temps, quand les arrivages de légumes le permettaient. En plus de nos heures de classe, Christic et Iena consacraient beaucoup de temps à nous initier aux disciplines artistiques. A la musique en premier lieu. C'est ainsi que j'ai commencé à jouer de la flûte douce et à chanter dans la chorale, dirigée par Iena. Elle nous faisait répéter aussi des petites pièces de théâtre que nous devrions jouer pour la fête organisée à Pâques. Y seraient conviés les parents, les amis, la Direction de Paris ainsi que les proches voisins et les copains d'école. Il fallait, en cette occasion, que chacun puisse faire valoir ses talents.

L'apprentissage de la langue yiddish faisait aussi partie de notre emploi du temps. Non pas tant pour l'oral que nous pratiquions à peu près tous, mais surtout pour l'écrit dont nous étions parfaitement ignorants. Nous devions cette corvée aux dirigeants de Paris qui nous envoyaient, trop régulièrement à notre gré, un professeur. Mais, c'était pour notre bien, alors...Certains y prenaient même plaisir.

Le dimanche était jour de relâche. Les visites étaient nombreuses car beaucoup d'entre nous avaient encore un parent proche, sinon direct.

Je me souviens tout particulièrement d'un jeune pensionnaire — il devait avoir huit ou neuf ans — et de son oncle aveugle. Celui-ci venait très régulièrement et nous l'admirions tous. Nous avions l'impression qu'il nous connaissait, qu'il nous voyait. Il lisait l'heure en palpant le cadran de sa montre bracelet. Chaque dimanche, tôt le matin, il était là le premier, son neveu toujours prêt pour l'accueillir. Il passait un petit moment avec nous, s'informait sur la semaine qui venait de s'écouler. Il s'exprimait toujours avec une grande douceur. Puis ils partaient dans Versailles pour toute la journée, lui, sa canne blanche dans la main droite tandis que son neveu lui tenait la gauche pour lui servir de guide. L'enfant menait l'adulte. Il y avait tellement de tendresse, tellement d'amour entre ces deux êtres que notre émotion était régulièrement la même. Nous nous prenions presque à envier leur sort.

Les seules visites sur lesquelles nous pouvions compter, Henri et moi, étaient celles de Monsieur et Madame Gaston, mais il leur était plus facile de nous recevoir. Une fois par mois, nous partions donc à Boulogne-Billancourt pour passer la journée avec eux, leurs enfants et Nini qui avait retrouvé ses activités de nurse. Ces jours-là, nous étions attendus pour le repas de midi, quelquefois, nous allions au restaurant.

L'après-midi, nous allions au cinéma ou encore au cirque Medrano. Le soir, nous devions être de retour pour le dîner. Ce qui nous valait un Paris-Versailles en traction avant. A l'époque, c'était le fin du fin en matière d'automobile ! Monsieur Gaston nous glissait toujours quelque argent de poche avant de repartir. Dans ce domaine, nous étions mieux lotis que l'ensemble de nos petits camarades.

Les autres dimanches, nous allions nous promener avec ceux qui restaient, jusqu'au château et son parc ou dans la ville, ou bien encore, suivant le temps, dans les bois de Porche-Fontaine. Le cinéma faisait aussi partie de nos loisirs.

Nous ne vivions pas tous ce jour de congé de la même façon. Il en était ainsi des frères M..., Jean, Henri et Michel, qui ne partageaient pas leurs dimanches avec nous. Ces trois frères avaient leur père à Paris qu'il n'avait jamais quitté malgré les événements. Leur soeur était restée avec lui et il devait reprendre ses fils dès que possible.

Séparés de leurs parents, ils avaient été cachés à la campagne pendant plusieurs années, tout en conservant leur identité initiale. Pour les mêmes raisons que nous, ils avaient été baptisés, ils avaient appris le catéchisme, étaient allés à la messe, aux vêpres puis, toujours comme nous, avaient servi comme enfants de choeur.

Bref, nous avions eu le même parcours à la différence que Jean, Michel et Henri s'étaient imprégnés de la religion chrétienne. Ils étaient devenus croyants et surtout pratiquants. Ce qui était aisé à la campagne l'était beaucoup moins dans un orphelinat réservé à des enfants juifs et dirigé par un couple d'athées.

Comptant sur l'usure du temps et les changements d'habitudes, Christic et Iena laissaient faire. Le caractère incongru de la situation ne leur échappait pourtant pas et ils ne cessaient d'en faire la remontrance à nos trois dévots. Leur passion conduisait donc les trois frères à la messe le dimanche matin et aux vêpres l'après-midi. Sans compter les nuits où ils s'échappaient avec la complicité des voisins pour aller adorer leur Christ.

Cette famille croyante poussait même jusqu'à venir intra-muros parfaire les connaissances religieuses des trois jeunes.

Trop, c'était trop ! Des réserves bienveillantes du début, Christic passa à l'interdiction pure et simple de la pratique d'un culte qu'il jugeait envahissant. Mais c'était plus simple à dire qu'à faire.

De notre côté, nous essayions bien de persuader nos trois camarades de changer de comportement, rien n'y faisait. Nous n'étions pas des « cafteurs » et appliquions la loi du « motus et bouche cousue » sur le stratagème qu'ils avaient adopté pour continuer d'aller à la messe. Comme cela ne leur était plus possible le dimanche, c'était chaque matin aux aurores qu'ils devaient se lever et partir en douce.

L'orphelinat et la maison des voisins étaient séparés par leurs parcs respectifs. Les conspirateurs avaient installé une ficelle d'une cinquantaine de mètres qui allait d'une fenêtre de chez leurs complices à celle de la chambre d'Henri M. au second étage... Chaque soir au coucher, il attachait la ficelle à l'une de ses chevilles et au petit jour les voisins tiraient sur la cordelette pour le réveiller. Tous trois filaient en catimini et revenaient pour le petit déjeuner, comme si de rien n'était.

Mais si ses trois pensionnaires passaient pour être rusés, Christic n'était pas né de la dernière pluie. L'entêtement de l'un a fini par avoir raison de celui des trois autres. Au bout de quelques semaines, cette gymnastique matinale allait prendre fin.

Les trois frères nous ont bientôt quittés pour rejoindre leur sœur et leur père à Paris. Pour ce que j'en sais, ils ont tous bien mené leur vie. Les deux aînés ont toujours travaillé dans la fabrication de vêtements. Michel, le cadet, est passé d'un métier à l'autre. Il a été, entre autres, groom dans un grand hôtel parisien, puis s'est lancé dans une carrière artistique, avec quelques succès comme comédien et fantaisiste.

Dans leur élan religieux, Henri, Jean et Michel ont été de toute évidence contrariés. Mais qui peut dire si la France ne compterait pas aujourd'hui d'autres sommités ecclésiastiques comme Monseigneur Lustiger, s'ils avaient pu suivre leur inclination initiale. A chacun sa notoriété ou son anonymat, mais quels bouleversements dans toutes ces vies !

Les destinées des enfants de « La Colonie Scolaire » de Versailles étaient directement liées aux situations parentales. Pour ceux dont les parents étaient restés sur le territoire national et avaient pu refaire surface dès la Libération, les retrouvailles signifiaient la fin de leur séjour chez Christic et Iena. Ils étaient peu nombreux.

Mais le regroupement des familles, même partiel, permettait d'attendre ou de préparer le retour de l'absente, de l'absent.

Pour la majorité, il fallait nous armer de patience et attendre la fin définitive des hostilités pour connaître notre sort. Les informations ne donnaient pas plus de quelques mois aux armées nazies pour qu'elles plient le genou.

XVII

L E POSTE à galène fonctionnait à plein régime. C'était notre seul lien avec le monde extérieur et les événements qui s'y déroulaient. Il n'y avait pas d'autre radio dans la maison.

Sur le front de l'Est, la bataille faisait rage. Les troupes soviétiques avançaient, portant des coups toujours plus sévères aux Allemands, ajoutés à ceux que leur donnaient les alliés sur le front de l'Ouest. Cette évolution avait de quoi nous rendre optimistes. Mais, dans leur avance, les soviétiques faisaient des découvertes et, sous notre casque, nous en faisions aussi ! Nous apprenions ainsi que les camps de déportation étaient, en fait, des camps d'extermination de masse, outillés pour un rendement maximum. « Extermination » était un mot nouveau qui venait s'ajouter à notre vocabulaire. C'était surtout le mode d'emploi qui nous glaçait d'horreur.

Les soldats qui découvraient les camps, découvraient en même temps les conditions épouvantables qui avaient régné en ces lieux sordides. L'état dans lequel ils retrouvaient les prisonniers encore vivants, les cadavres qui s'entassaient partout et les charniers dépassaient en monstruosité tout ce que la guerre leur avait déjà fait connaître. Il restait malheureusement que tous les hommes, les femmes et les enfants partis en fumée ne pouvaient pas être répertoriés sur le moment par ces libérateurs.

Ces informations n'entamaient pas notre certitude de revoir bientôt nos parents. Nous ne mettions pas en doute la véracité des descriptions que la radio diffusait, cela ne pouvait cependant pas nous concerner directement. Nous connaissions la destination de ceux qui étaient passés par Drancy, mais notre candeur les protégeait du pire.

Nous suivions l'Armée Rouge par ondes interposées tandis que nous étions en direct avec les Américains. Ils étaient cantonnés à Versailles ou venaient y passer quelques jours de permission. Nous nous sommes ainsi liés d'amitié avec quelques soldats et officiers de l'armée US.

Ils avaient laissé leurs enfants au pays et il leur tardait que tout se termine rapidement pour les revoir. Ils savaient que nous étions juifs. Quelques-uns d'entre eux l'étaient aussi et nous manifestaient une affection particulière.

Nous leur rendions visite le plus souvent possible et bénéficiions régulièrement de toutes leurs gâteries, chewing-gum de toutes sortes et multiples friandises.

Leur présence dans la ville nous a appris et donné le goût de la cigarette. A Montfermeil nous avions fumé de la viorne, mais Versailles nous offrait du tabac blond. Les Américains n'étaient pas regardants et laissaient de beaux restes : les cigarettes qu'ils jetaient étaient à peine entamées et quelquefois même pas encore éteintes. Nous en consommions sur place ou en faisions des stocks pour assurer nos lendemains.

Un officier qui arrivait au terme de sa permission, nous avait demandé notre adresse pour nous rendre visite, dès son retour, à la maison d'enfants.

Le temps passait. Il y avait belle lurette que nous avions oublié notre officier. Un beau jour, il s'est présenté, accompagné de deux G.I., les bras lourdement chargés, sans compter ce qui restait dans la jeep stationnée devant la maison. Ils n'avaient oublié personne, il y en avait pour tout le monde, la trentaine d'enfants que nous étions et la direction. Ce n'était pas seulement des friandises, mais aussi de la nourriture pour toute la maisonnée. Conserves de légumes, viandes, fruits en boîte, etc., de quoi améliorer très largement notre ordinaire jusque là bien ordinaire.

Ils seraient invités et présents à la fête que nous préparions depuis plusieurs mois avec Iena.

Nous étions fin prêts pour ces Pâques 45. Dans toutes les pièces de la maison, choristes, musiciens et comédiens confondus, nous avions tous l'estomac noué par le trac lors des ultimes répétitions.

Comme toutes les animations réalisées pour et avec des enfants, celle-ci a tenu ses promesses. Les spectateurs étaient satisfaits. Les comédiens et artistes en herbe ne l'étaient pas moins. Au total, une belle journée qui avait fait plaisir à tous. Au goûter qui suivit, les félicitations pleuvaient. Mon premier rôle de comédien dans Blanche Neige et les Sept Nains où je donnais la réplique à la plus brune des filles, Hélène, m'a valu d'être apprécié en Joyeux ou Grincheux, je ne me souviens plus très bien. J'aurais pu jouer les deux mais je crois que c'est le premier qui me correspondait le mieux. Si ma mémoire est bonne, mon frère était le Prince charmant. De toute façon, nous étions l'un et l'autre bien placés sous les feux de la rampe.

Mieux équipés en matériel que nos parents et amis français — l'essentiel, pour eux, était ailleurs —, les Américains nous ont mitraillés tout l'après-midi avec leurs appareils photographiques. Ils oeuvraient pour la postérité et voulaient emporter des souvenirs de leur séjour en France pour les montrer à leur famille dès leur retour au pays.

Gageons que quelque part aux USA, de vieux albums de photos témoignent encore de leur passage à Versailles.

Ce jour de Pâques 1945 a été marqué aussi par le départ imminent de deux d'entre nous. Leurs parents, tout récemment réunis, avaient pris des dispositions pour une expatriation familiale vers les Etats-Unis. Ils allaient rejoindre avec leur fils et leur fille, des parents qui avaient quitté la France dès les premiers nuages de 1940 et qui les attendaient.

XVIII

LE GRAND jour est enfin arrivé. Le 30 avril 1945, le drapeau rouge frappé de la faucille et du marteau flottait sur le Reichstag à Berlin.

L'Armée Rouge avait fait la jonction avec les armées alliées et les soldats fraternisaient. Notre poste à galène nous donnait l'information. Les journaux « L'Humanité » et « Ce Soir » faisaient leur entrée à l'orphelinat et illustraient cet heureux événement. Je me souviens du slogan qui figurait sur les affiches : « Ce soir comme tous les soirs, lisez Ce Soir ». Je trouvais ça beau.

Berlin était tombée. Nous étions heureux. La guerre était finie. Les armées soviétique et alliées sonnaient le glas pour les dignitaires hitlériens et nazis. Elle sonnait légitimement le glas pour tous les criminels de guerre. Hélas, trop nombreux sont ceux qui en ont réchappé.

Cette victoire sonnait aussi l'heure de la libération des prisonniers et des camps de concentration. Les survivants à cette monstruosité allaient retourner chez eux.

En Allemagne, les libérateurs avaient découvert l'horreur. Il nous restait à la découvrir à notre tour, à travers les récits et les témoignages.

Il est peu de dire ce que la reddition, avec ou sans conditions de l'Allemagne nazie (c'était mieux sans condition), pouvait avoir de signification pour nous. L'attente des nôtres allait bientôt, très bientôt, prendre fin. Nous allions quitter l'orphelinat pour nous retrouver en famille. C'était sûr !

Nous nous prenions déjà à regretter de devoir bientôt quitter Christic et Iena. Mais promis, juré, nous resterions en relation, nous viendrions les voir et nous les inviterions pour leur montrer notre chez nous. Nos intentions étaient sincères.

Nous ne prêtions que peu d'attention aux réserves prudentes de notre directeur, de sa femme et de la monitrice.

Plus rien n'avait d'importance que le retour annoncé des nôtres. Nous savions qu'il y aurait des absents à l'appel. Mais, bien que déjà rompus à des surprises, et pas toujours des plus agréables, nous n'avons jamais envisagé de ne plus revoir nos parents.

Nous avions même, Henri et moi, préparé le discours pour leur annoncer la mort du petit Maurice. Pour leur faire moins de peine, nous mettrions l'accent sur la rapidité de la maladie qui l'avait emporté plutôt que sur cette espèce de langueur qui s'était petit à petit emparé de lui.

En fait, — et la confidence avait été difficile à obtenir — l'absence de sa maman qu'il réclamait constamment, avait certainement précipité sa disparition.

Nous vivions donc depuis l'annonce de la victoire sur Hitler, dans cette ambiance de futures retrouvailles.

La presse commençait à publier les photos des camps : à côté des amoncellements de cadavres, des êtres encore vivants, décharnés, d'une maigreur qui leur rendait la station debout quasi insupportable, le regard ailleurs, comme s'ils vivaient dans un autre monde, comme s'ils arrivaient d'une autre planète.

Allions-nous reconnaître nos parents ? Allaient-ils nous reconnaître ?

Depuis trois ans que nous ne les avions plus vus, nous avions grandi mais nous avions surtout beaucoup mûri. Nous avions traversé ces années sous une autre identité, nous avions dû faire face à des situations diverses et nous y adapter, nous n'étions plus tout à fait les mêmes. Ils avaient laissé des enfants, ils allaient retrouver deux jeunes garçons aguerris.

Quoi qu'il en soit, nos parents rentraient de déportation. Ils étaient libres. La vie reprendrait le dessus malgré le martyre qu'ils venaient de vivre des années durant, les choses rentreraient dans l'ordre. Nous serions de nouveau ensemble et c'était l'essentiel.

Nous étions aussi impatients et anxieux que tous ceux qui attendaient sur le quai d'une gare l'être cher au retour d'un voyage très long et très fatigant. Nous étions bien trop jeunes encore pour passer des journées entières devant l'hôtel Lutetia à Paris, où les déportés étaient répertoriés avant de retrouver leur famille. Bien trop jeunes et fragiles encore pour repartir, déçus, et revenir le lendemain en quête d'informations pour avoir des raisons d'espérer. Nous n'étions pas autorisés à sortir de l'orphelinat. On voulait nous épargner cette tragique épreuve.

Le temps passait et l'évidence s'imposait chaque jour un peu plus. L'hôtel Lutetia n'attendait plus personne. L'espoir n'était plus de mise et cependant subsistait en nous une petite flamme vacillante. Elle s'éteignit définitivement le jour où nous avons été officiellement informés que nos parents ne reviendraient plus. Ils avaient été, avec des millions d'autres, exterminés, gazés ou brûlés à Auschwitz.

Les avis de décès qu'ont reçus la majorité des enfants de la « Colonie Scolaire » mentionnaient presque tous cet endroit fatidique, Auschwitz.

La guerre ne nous avait pas épargnés, le sort nous était cruel. En moins de trois ans, nous avions vu disparaître un frère, un père, une mère, sans compter nos oncles et nos tantes. De toute notre famille, il ne nous restait qu'une tante. Nous devions continuer seuls et nous habituer à l'idée que nous ne reverrions plus nos parents. A la séparation d'avec eux succédait un grand vide que nous aurions à combler.

Restaient pour nous le souvenir des années passées ensemble, cette dernière vision à l'arrêt du bus de Montfermeil et leurs dernières recommandations.

Nous avions désormais un nouveau statut, le seul que nous n'ayons jamais imaginé. Nous étions orphelins.

L'espoir qui nous avait toujours habités, mon frère et moi, de retrouver nos parents aurait pu se transformer en profond désespoir à l'annonce de leur mort. Curieusement, je l'ai reçue raisonnablement, comme l'issue fatale d'une maladie incurable.

Ce sont leurs mois de captivité, les atrocités qu'ils ont vécues, le silence de leur mort qui me hantent. Cette pensée ne m'a jamais quitté. Leur présence me manque, j'aurais tant aimé qu'ils soient fiers de leurs fils, j'aurais tant aimé qu'ils soient heureux avec nous.

A l'orphelinat nous étions tous tristes et solidaires. Nous allions faire face une fois de plus, et le mieux possible, il n'y avait pas d'autre solution !

Nous étions maintenant sans famille, Henri et moi. A Versailles, nous avions le gîte et le couvert et surtout l'amitié partagée avec les autres filles et garçons. Nous avions l'affection de Christic, d'Iena et celle de la famille Gaston qui continuait de veiller sur nous.

Il fallait que nous fassions le point sur ce qu'il nous restait à Paris, il fallait que nous sachions ce qu'il était advenu de nos amis et voisins...

Le 129, Faubourg du Temple n'avait pas changé. La cour était toujours pavée de guingois. Belleville restait Belleville. Quelques voisins n'y étaient plus. Des nouveaux les avaient remplacés ou étaient en passe de le faire. C'était pareil dans les magasins et les boutiques tout au long de la rue.

Contents de nous revoir, quelques copains non juifs et leurs parents nous pressaient de questions. Ils voulaient tout savoir sur ces trois années qui venaient de se passer. Nous leur avons appris la mort tragique de Maurice et celle de nos parents. Nous leur avons fait le résumé de ce que nous avions vécu. Parmi les familles juives qui habitaient à la même adresse, beaucoup avaient sombré corps et biens, très peu avaient donné de leurs nouvelles et annoncé un prochain retour.

De tous ceux que nous avons pu rencontrer à l'occasion de cette visite, aucun ne nous avait oubliés. Certains étaient même étonnés de nous revoir, voire gênés lorsque nous avons réclamé les clefs de notre appartement. En premier lieu la concierge, qui nous les a remises non sans quelque hésitation. Nous avons compris sa réserve peu de temps après.

Nous avons rapidement gravi l'escalier qui menait au premier étage mais, quand nous nous sommes retrouvés devant la porte d'entrée, sur ce palier assez sombre, c'est tout notre passé qui surgissait. Nous étions profondément émus à l'idée de revoir notre foyer.

Nous avions quitté un appartement correctement meublé, équipé aussi normalement que les possibilités de l'époque le permettaient. Rien n'y manquait pour assurer les besoins quotidiens d'une famille. Même les murs étaient décorés de quelques tableaux et de grandes photos de portraits de familles. Sur le buffet de la salle à manger trônaient des statuettes de plâtre peint.

Nous avons poussé la porte. Nous savions que personne ne nous attendait. Il ne restait plus rien ! Le vide complet, pas même un tabouret, pas une fourchette ou une cuillère, même une petite. Un véritable pillage en règle ! Seuls vestiges d'un déménagement en bonne et due forme : des journaux froissés et de la paille qui jonchaient le sol de chacune des pièces.

Nous avons cherché dans les moindres recoins le moindre petit objet qui puisse nous rappeler notre famille, notre vie ensemble. Mais rien ! Nous nous sommes retrouvés sur le palier, les mains vides, aussi vides que l'appartement.

L'atelier que mon père avait aménagé dans la cour était aussi vide que l'appartement. Plus de pièces ni d'échantillons de tissus, plus de table, de machine à coudre, plus le moindre outil de travail. Pas même une aiguille. Tout avait été mis à sac.

Nous n'étions pas encore au bout de nos surprises. Une autre nous attendait chez les voisins de palier que nous souhaitions voir pour en savoir un peu plus.

Ils nous ont reçus très gentiment mais notre visite n'était pas prévue ! Ils voulaient savoir, eux aussi. Nous avons donc refait le récit de notre récent itinéraire et nous avons eu droit aux lamentations d'usage :

— « Ah ! Mes pauvres enfants, quel malheur pour

vous ! Et à vos parents, des gens si gentils, si discrets !
Et le petit Maurice, etc. ».

Mais de ce qui s'était passé à deux pas de chez eux,
ils ne savaient pas grand-chose, sinon rien ! Ils avaient
cependant retrouvé et conservé à notre intention
quelques photos de nos parents. Ce sont les seuls souvenirs d'eux. Rien d'autre.

Nous avons pu constater, en même temps, que certains éléments de notre mobilier familial n'étaient pas
allés bien loin. Ces braves voisins n'avaient manifestement pas trouvé et conservé que ces souvenirs si précieux pour nous. Ils avaient aussi participé aux agapes.
Peut-être nous croyaient-ils plus naïfs que nous n'étions,
peut-être pensaient-ils que notre mémoire d'enfants était
défaillante ? Toujours est-il que c'est le plus naturellement du monde qu'ils nous ont accueillis sur le lino-
léum qui, quelques années plus tôt, garnissait le sol de
notre salle à manger. Et c'est le plus naturellement du
monde qu'ils ont sorti les photos des tiroirs d'un buffet
qui provenait de la même salle à manger ! Nous retrouvions chez eux notre mobilier ! Nous en avions assez
vu pour être édifiés. La guerre, c'est ça aussi !

Pourtant, en regard de ce qu'ils nous avaient donné,
nous n'avons rien dit. Sans doute étions-nous encore
trop jeunes pour oser, d'autant que nous ne pouvions
rien prouver : les seuls témoins oculaires possibles, hormis nous, avaient péri dans la tempête.

Nous en étions là de nos réflexions quand nous
sommes repassés chez la concierge pour la saluer, notre
petit trésor en poche. En nous disant au revoir, elle nous
a demandé de lui remettre les clefs de l'appartement.
Elle nous les redonnerait à notre prochain passage. Naïfs

que nous étions ! Nous les avons rendues, perdant, sans le savoir, tout espoir d'être locataires d'un appartement qui nous était réservé en priorité. Quelques mois plus tard, il était en effet occupé par d'autres. Nous n'avions plus de recours.

Nous étions bel et bien nus et crus, complètement dévalisés, spoliés. Certains s'étaient servis à notre détriment.

Il ne nous restait plus qu'à affronter la réalité, et surtout ne pas sombrer dans le pessimisme. C'en aurait été fait de nous. Reprendre confiance en nous et dans les autres, était une nécessité absolue pour repartir du meilleur pied, d'autant que nous n'étions quand même pas complètement seuls, ni isolés du monde.

Si trop de gens ont joué un rôle plus que méprisable dans cette période tragique, beaucoup ont su heureusement conserver de la dignité.

Quoi qu'il en soit, on ne tourne pas facilement de telles pages même si on est plutôt de nature optimiste. Le livre reste toujours ouvert à cet endroit. Pour moi, même si la vie que je mène avec Monique et nos enfants est bordée de plages de sérénité, le temps n'efface rien. Le bonheur non plus.

Quand le passé vous étreint au présent, comme cette angoisse l'année du quatrième anniversaire de mes fils, puis de leur trente troisième — l'âge de mon père lorsque je l'ai revu pour la dernière fois —on n'y peut rien, on reste sans défense.

Les Hitler, Pétain et autres Bousquet, ont réussi dans leur entreprise abjecte. Leurs victimes ne peuvent plus oublier.

Le plus tragique, c'est que d'autres individus tout

aussi sinistres, vingt ans plus tard, un certain soir de février 1962, aient surenchéri dans l'ignominie parce qu'ils étaient encore au pouvoir. Le préfet de police Papon a pu se glorifier d'une tuerie qui s'est soldée par neuf morts, hommes, femmes et adolescents qui étaient venus s'opposer à la guerre d'Algérie et dénoncer les crimes de l'OAS.

Entre cette caste de criminels de guerre, leurs soutiens actuels, les nostalgiques de ce passé et moi, il y a un gouffre irréductible !

Ce sentiment vaut bien évidemment pour tous ceux qui, pour des raisons inavouables, favorisent, sous quelque forme que ce soit, la résurgence de thèses criminelles et xénophobes.

Cette prise de position ne résulte pas plus hier qu'aujourd'hui d'un esprit de revanche, et si elle n'était pas très consciente à l'origine, elle l'est devenue par la suite, bien ancrée, bien structurée.

XIX

AVEC la reddition de l'Allemagne, la France pouvait à nouveau respirer, panser ses plaies. Le cauchemar était derrière nous. Des problèmes subsistaient cependant, en particulier les restrictions alimentaires : tout manquait et les circuits de distribution étaient complètement désorganisés. Par bonheur pour nous, les soldats américains continuaient de nous rendre visite. Nous oubliions pour un temps la disette et la pénurie.

Petit à petit, les choses reprenaient leur place. Ceux qui avaient été obligés de fuir rentraient chez eux. Le travail ne manquait pas car tout était à reconstruire.

Nous connaissions des Américains. Nous avions suivi pendant des mois les moindres déplacements des soldats soviétiques et pourtant nous n'en avions encore jamais vu. Ils étaient des centaines emprisonnés à Versailles et aux alentours. Libérés, ils allaient eux aussi rentrer chez eux. Le départ de leur convoi était annoncé, leur itinéraire passait devant le lycée Hoche.

Nous avions été autorisés à quitter les cours pour les voir passer. Un monde fou était venu les saluer. Les acclamations, les applaudissements fusaient de partout en signe de reconnaissance. Dans leurs camions, débâchés pour la circonstance, ils avaient l'air heureux et répondaient au salut de la population qui était venue leur rendre hommage.

D'une manière imprévisible, sans doute dans un réflexe amical, les soldats d'un premier camion ont lancé des pièces et des billets d'argent français dont ils n'auraient plus l'usage. Ce geste a aussitôt gagné, comme une traînée de poudre, les véhicules qui suivaient.

Sur les trottoirs, ce fut un beau tohu-bohu, un chahut indescriptible. Chacun en voulait sa part, soit pour le garder en souvenir, soit pour en faire usage. Moi qui suis plutôt débrouillard, je suis rentré bredouille. Ce n'était pas la ruée vers l'or, mais presque !

C'est ainsi que j'ai fait, « pour de vrai », connaissance avec l'Armée Rouge. Ce fut un beau jour, un moment qui ne s'oublie pas.

Notre première année de lycée allait bientôt arriver à son terme. Excepté les maths qui me faisaient souffrir, elle ne s'était pas trop mal passée. J'étais, comme d'habitude, juste au-dessus de la moyenne et admis en cinquième à la rentrée prochaine.

De cette sixième au lycée Hoche, je conserve le souvenir de deux personnages, notre professeur de français et celui d'anglais. Le premier était toujours habillé de bric et de broc, d'une propreté douteuse. Il portait des mitaines noires qu'il ne quittait jamais, même en cours. Il avait des manières onctueuses et un discours précieux, très vieille France.

A ses cours, le chahut était permanent. Les jours où il nous rendait nos copies corrigées, sa méthode mériterait d'être consignée dans les annales de l'Education Nationale. Après quelques commentaires généraux sur la qualité des devoirs, il sortait le paquet de copies de la poche intérieure de son veston et lançait le tout à la volée à travers la classe. A charge pour chacun, dans une mêlée générale, de retrouver son petit avant de rejoindre sa place.

Surpris la première fois, nous en avions pris l'habitude et c'étaient des moments de franches rigolades. Inutile de préciser que ces jours-là, l'heure du cours dépassait très rarement quarante-cinq minutes de travail effectif. Nous faisions quand même du bon travail et, de surcroît, intéressant.

Le professeur d'anglais était tout l'inverse de son collègue. Plutôt petit, tiré à quatre épingles, un vrai pète-sec parlant haut et fort, dans un anglais plus proche du braillement que du bavardage de salon. Nous étions tenus de nous exprimer dans la même langue. Il n'était pas question qu'elle fourche, tout dérapage vers le français était prohibé. Lorsque cela arrivait, nous en prenions pour notre grade. L'apprentissage était rude et les heures de colle pleuvaient.

Si je mettais peu de coeur à mes devoirs écrits, j'en mettais un peu plus à l'oral qui me convenait mieux.

Nous étions à la fin du troisième trimestre et la composition pesait lourd pour décider du passage en classe supérieure. Du ton sec qui lui était habituel, il avait rendu sa copie à « Mister » Wilczkowski — il maîtrisait parfaitement l'anglais mais écorchait régulièrement mon nom. Elle était bien notée mais il jugeait inadmissible que je ne révise l'anglais qu'à l'occasion des compositions. Ce n'était pas le cas et il a été très étonné que je ne fasse d'effort en aucune occasion, même pas à l'approche d'un devoir décisif.

En réalité, je passais déjà naturellement du français, au yiddish, j'abordais ainsi plus facilement une troisième langue. Il n'empêche, les maths me fichaient toujours une sainte trouille !

Une fois les compositions rendues, les cours continuaient mais nous nous étions mis en roue libre, dans l'attente des grandes vacances qui pointaient à l'horizon.

Personne ne pouvait prévoir l'issue des événements, aucune disposition n'avait été envisagée pour un éventuel séjour estival ailleurs qu'à Versailles. Aucun d'entre nous n'y avait seulement songé. Nous avions la tête ailleurs !

Il est vrai que cela faisait quelques années et plusieurs étés que nous respirions le bon air de la campagne. Il était bien normal que, pour cet été 1945, et pour les années à venir s'il le fallait, nous passions nos vacances en banlieue parisienne.

Nous avons donc joué les touristes dans la ville, nous allions à la piscine en plein air, située à l'arrière du château et très fréquentée par les G.I. en permission. Certains après-midi, nous assistions à des concerts de jazz donnés par des orchestres composés de soldats américains. Ces orchestres comptaient plusieurs dizaines de musiciens et régalaient de très nombreux spectateurs, venus parfois de loin.

Au cours de cette période de mutations, nous vivions également les nôtres. Des enfants nous quittaient, ayant retrouvé parents ou familles. Ils étaient aussitôt remplacés par de nouveaux venus. Nous participions à leur accueil, nous les aidions à s'installer et leur servions de guides. Nous étions des anciens maintenant et, à ce titre, nous les initiions aux us et coutumes de la maison.

Les vacances ont vite passé. La rentrée nous attendait déjà, pour une année scolaire qui s'est déroulée sans problème, émaillée seulement de quelques heures de colle, deux ou quatre suivant la gravité de nos transgressions. Les feuilles à faire signer par Christic nous valaient bien quelques remontrances et leçons de morale, mais l'obstacle n'avait rien d'insurmontable.

En juin 1946, j'ai finalement été admis en quatrième. Il me fallait donc choisir une seconde langue. Aux options traditionnelles s'ajoutait, pour la première fois au lycée, une option de russe qui me séduisait.

J'en avais discuté avec Christic et Iena avant de prendre ma décision. Mon inscription en cours de russe confirmée, je n'avais plus d'autre souci que les vacances. Cette fois, nous allions partir... Des vacances comme au bon vieux temps, lorsque nous partions avec nos parents.

Depuis quelque temps déjà, Christic et Iena nous en parlaient. Ils avaient organisé un séjour de deux mois au bord de la mer qu'aucun de nous n'avait encore jamais vue. C'était une grande première !

Les filles travaillaient d'arrache-pied à nos tenues de baigneurs. Aux leurs, mais aussi à celles des garçons. Elles jouaient d'adresse avec leurs aiguilles pour réaliser maillots et slips de bain. Marie était la plus rapide et était donc surchargée de commandes. En toute modestie, j'étais celui qu'elle gâtait le plus. Toute la maisonnée se préparait au départ pour Lacanau-Océan en Gironde.

Au terme d'un long voyage en train jusqu'à Bordeaux et d'innombrables détours en tortillard, nous étions rendus à destination.

Nous nous attendions à voir la « grande bleue » et

c'est la « grande verte » qui nous est apparue. D'un beau vert émeraude ! Son immensité était impressionnante, ses vagues et ses marées ne l'étaient pas moins. Nous étions émerveillés.

Lacanau-Océan était une toute petite localité fréquentée par des Bordelais, surtout en fin de semaine. L'unique rue qui la traversait s'arrêtait où commençait le sable de la plage. Quand on la descendait jusqu'à la mer, sur la droite trônait le casino, sur la gauche, la villa dans laquelle nous allions nous installer, « La Primavera ». Une grande et belle bâtisse qui n'avait pas tout à fait les pieds dans l'eau mais qui frôlait la plage, pas le moindre chemin ne la séparait du rivage. Il nous suffisait de franchir une fragile balustrade pour avoir les pieds dans le sable quand il n'avait pas déjà envahi la terrasse.

Tout au long du littoral, la plage s'étendait sur des kilomètres, elle était bordée de très hautes dunes, comme autant de petites montagnes de sable fin.

La maison, son parc, la mer, la plage, les dunes, les immenses pinèdes de l'arrière pays et le grand lac ouvert aux amateurs de pêche à la ligne, tout était à notre portée. Nos espaces de jeux n'avaient pratiquement pas de limites.

Nous jouions surtout entre nous et avions peu de contact avec les gens du village. Cette année-là, cependant, Lacanau-Océan a compté parmi ses estivants une célébrité qui restera dans nos annales. Monsieur Jean Marais passait là-aussi ses vacances avec son chien, le célèbre « Moulouk ». Il était toujours souriant, d'une grande gentillesse et nous n'étions pas peu fiers d'avoir fait sa connaissance. Nous entretenions avec lui des relations amicales. Nous le retrouvions sur la plage et lui faisions partager nos jeux d'enfants.

Nous aurions, par contre, préféré ne pas rencontrer les trop tristement célèbres anciens de la Wehrmacht ou de la Waffen SS. Et pourtant, ils étaient là, prisonniers de guerre. Un grand « PG » peint en blanc sur le dos de leur treillis, ils assuraient la propreté de la voirie communale. Ils étaient discrètement gardés par des soldats français.

De temps à autre, nous osions les approcher, non pour les narguer, mais pour qu'ils sachent qui étaient les enfants de « La Primavera ». Nous voulions qu'ils prennent conscience du mal qu'ils nous avaient fait et nous cherchions aussi à savoir pourquoi ils l'avaient fait. Ils comprenaient parfaitement ce que nous leur disions et leurs réponses étaient invariables : « C'était la guerre, c'était la guerre et les ordres à exécuter ».

Si Christic ou leurs gardiens ne nous avaient pas régulièrement rappelés à l'ordre, sans doute aurions-nous fini par les asticoter plus sérieusement car ils avaient des comptes à nous rendre.

Nos vacances n'ont pas été pour autant assombries. Nos journées étaient bien remplies et Christic, Iena et la monitrice avaient fort à faire pour contrôler toute leur équipe de chahuteurs. Nous n'étions pas plus nombreux qu'à Versailles, mais dans un espace aux dimensions décuplées, les risques étaient plus nombreux.

Même la nuit, Christic devait assurer une permanence. Dès que le casino d'en face ouvrait son bal, nous étions quelques-uns à nous faufiler hors de la maison. Le temps de traverser la rue, et nous étions le nez contre les vitres de l'établissement, à regarder les couples danser. Christic savait toujours où nous retrouver.

Les meilleures choses ont une fin et notre retour à Versailles allait y mettre un terme. Nous quittions l'océan et Lacanau, tristounets mais pas trop mécontents quand même de retrouver notre maison de la rue Champ Lagarde, nos habitudes, le lycée Hoche et les copains.

Nous avions tous une mine superbe, le teint pain d'épice, pas une once de graisse et tout en muscles. En somme, nous étions bons pour le service, bons pour retourner à l'école et reprendre nos chasses aux mégots. Nous n'étions pas encore en mesure d'acheter des paquets entiers de cigarettes, même en nous cotisant, mais nous arrivions à nous en procurer à l'unité.

Le premier dimanche après notre retour, nous avons revu Monsieur et Madame Gaston, heureux de les retrouver et surtout fiers de leur offrir une belle boîte garnie de coquillages collés, achetée à leur intention.

Septembre 1946 : une année scolaire chassait l'autre et le lycée Hoche nous ouvrait déjà ses portes. Je faisais toujours partie de la chorale et je continuais de jouer de la flûte douce. Hélas, doué comme je l'étais, ma carrière d'instrumentiste était déjà fort compromise. Elle n'allait pas tarder à l'être définitivement, lors d'une prestation de notre petite troupe, à l'occasion d'une fête, au Théâtre de l'Ambigu à Paris. La salle était pleine à craquer. Regarder le public et ma partition en même temps relevait d'une performance qui dépassait mes compétences. Je me suis retrouvé très vite en décalage d'au moins une note sur les autres flûtistes et je crois bien avoir écorché suffisamment d'oreilles cet après-midi là pour abandonner tout espoir de rattrapage !

Mes cours de yiddish s'annonçaient plus prometteurs, et ceux de russe bien incertains. J'étais le seul inscrit pour cette option et le proviseur n'avait pas jugé utile de recruter un professeur. Mais je n'étais pas à une déception près ! Au pied levé, il me fallait donc choisir une autre langue. Je n'ai pas été long à prendre ma décision. L'espagnol ? C'était complet. L'allemand ? Pour moi, il n'en était pas question. L'italien ? Voilà une langue à laquelle je n'avais pas songé, mais il restait des places disponibles. Alors va pour l'italien !

Solution éphémère, puisqu'une nouvelle directive nous a été parachutée de Paris, au grand dam de Christic qui ne s'y attendait pas. Tous les garçons de l'orphelinat scolarisés au lycée Hoche devaient le quitter et poursuivre leurs études au Collège Jules Ferry, dans des cycles plus courts.

Ce collège se situait à l'autre bout de Versailles, à Satory. Aller au camp de Satory pour en ramener armes et matériels relevait de la promenade, de l'escapade. Changer d'école n'était pas une sinécure, et les quarante-cinq minutes qui nous en séparaient devenaient une corvée ! Mais il nous fallait faire contre mauvaise fortune bon coeur, tout comme Christic et Iena qui devaient appliquer les ordres contre leur volonté.

Les filles étaient mieux loties que nous. Elles n'étaient pas concernées par cette décision. Rien d'« avant-gardiste » toutefois dans ce droit aux longues études consenti à la gente féminine.

L'avenir des garçons passait obligatoirement par l'apprentissage d'un métier, d'une formation professionnelle pour rentrer dans la vie active.

Quant aux filles, il n'était pas encore prévu qu'elles aient une activité sociale. Elles étaient destinées au mariage. Elles seraient femmes au foyer et pouvaient donc, dans cette attente, poursuivre leur scolarité. Les savoir en classe valait mieux que le désoeuvrement à l'orphelinat.

Mais elles ont décidé elles-mêmes de leur avenir. Toutes ont mené une carrière professionnelle dans les métiers les plus divers, du secrétariat de direction au secrétariat commercial. D'autres sont devenues infirmières, chercheuses au C.N.R.S., enseignantes du premier ou second degré, etc. Une seule, à ma connaissance, a immigré définitivement en Israël pour s'installer et travailler dans un kibboutz.

Nous nous sommes donc retrouvés, Henri en troisième, moi en quatrième au collège Jules Ferry, quelques semaines après le rentrée.

Hormis le français, l'histoire-géo, l'anglais et la gym où je me sentais assez à l'aise, les autres matières me posaient de sérieux problèmes d'adaptation. Les mathématiques restaient ma bête noire et j'étais plutôt dépassé par les événements. Au lycée Hoche, l'algèbre ne faisait pas encore partie des programmes, à Jules Ferry elle était introduite dès la sixième.

Et puis, surtout, je ne pouvais pas compter sur l'aide de mon professeur. Son rôle se limitait à me porter présent ou absent. J'étais inexistant pour lui, mes difficultés ne l'intéressaient pas. Dans ces conditions, même avec la meilleure des volontés, remonter le courant n'était pas simple.

La physique et la chimie aussi étaient nouvelles pour moi. Il m'a fallu ramer dur pour essayer de rattraper mes retards. Mon bateau faisait plus souvent du surplace que des avancées.

Henri se trouvait à peu près dans la même situation. Il était toutefois plus studieux et s'en sortait mieux que moi.

Seule lueur dans ce tableau un peu sombre, les cours de russe que je suivais avec plaisir. Ils avaient lieu le jeudi, jour de congé scolaire !

Au cours de notre court trimestre à Jules Ferry, nous avons côtoyé un élève pour lequel nous aurions plus tard une immense admiration. Jean Ferrat était dans la même classe qu'Henri. Nous le connaissions alors sous un autre patronyme.

Notre scolarité allait se terminer en cette fin 1946. Je ne garde toutefois de ce trop bref passage en 4ème aucune amertume.

Bien des mois étaient passés depuis le triste printemps de 1945, et, petit à petit, nous assumions notre statut de fils de déportés. Nous reprenions chaque jour un peu plus le dessus. La « Colonie Scolaire » pouvait dès lors prendre de nouvelles mesures concernant les garçons. Les difficultés financières aidant, la décision avait été vite prise : notre apprentissage commençait dès janvier 1947.

Pour la plupart d'entre nous, la nouvelle était bonne car elle signifiait, à court terme, l'accession à notre indépendance. Le gîte et le couvert nous seraient toujours assurés par l'orphelinat, le temps nécessaire à notre envol, moyennant une contribution financière dépendant de notre paye. Le marché était correct et le contrat parfaitement acceptable.

Il nous restait à choisir notre futur métier. Sur ce point, aucune hésitation. Les Juifs exerçaient des professions qui tournaient dans l'ensemble autour des tissus, cuirs, peaux et fourrures. Henri et moi serions donc tailleurs, en hommage à notre père.

J'avais cependant sollicité une faveur préalablement à mon entrée en apprentissage. Comme je venais de coiffer mes quatorze ans, je souhaitais que ma scolarité soit sanctionnée par un diplôme, le Certificat d'Etudes. Ma demande a été acceptée. Je me suis donc retrouvé, pour les deux derniers trimestres, à la Communale de la rue des Condamines, sous la direction du maître d'école, Monsieur Gardette.

Les connaissances acquises au lycée Hoche et au collège Jules Ferry faisaient de moi un bon élève.

J'ai ainsi obtenu assez brillamment mon Certificat d'Etudes primaires. Mon diplôme en poche, je pouvais prétendre à mes dernières grandes vacances de potache, avant de plonger dans le monde des adultes, dès le mois de septembre suivant.

XX

POUR les vacances de 1947, nous irions à Berck-Plage, dans le Pas-de-Calais, et non à Lacanau-Océan comme nous l'avions espéré. Nous ne retrouverions donc pas « La Primavera ». Les copains qui avaient commencé à travailler nous accompagneraient. C'était convenu, leurs patrons étaient d'accord.

Nous allions être regroupés avec les pensionnaires d'autres orphelinats de la « Colonie Scolaire » et les enfants, les plus nombreux, envoyés par leurs parents en colonie de vacances.

Nos effectifs allaient donc augmenter et cela ne nous réjouissait guère, habitués que nous étions à notre petit groupe. De plus ni Christic, ni Iena n'étaient du voyage, la colonie avait son encadrement spécifique. C'était la première fois que nous les quittions depuis notre arrivée à Versailles.

A Berck-Plage, nous retrouvions les plages à perte de vue, comme à Lacanau-Océan, mais les dunes étaient moins hautes et l'eau un peu plus fraîche.

Cette station balnéaire comptait parmi ses visiteurs une clientèle hospitalière et para-hospitalière qui venait y soigner des maladies osseuses. Partout, dans les rues et en bordure de plage, se succédaient des lits-civières. Ces chariots montés sur de grandes roues promenaient des enfants, couchés pour la plupart.

Les blockhaus étaient nombreux le long de la côte, au pied des dunes. Ils étaient devenus nos lieux de cachettes, de rencontres et de rendez-vous discrets.

Pour abriter tout notre petit monde, des enfants de 6 à 14 ans et plus, il y avait le bâtiment central où nous prenions les repas en commun, et une annexe où logeait le groupe des grands.

C'était plutôt sympathique car cela nous offrait l'avantage d'une plus grande liberté. Pour la première fois, nous étions encadrés. Au début de notre séjour, par des monitrices bien décidées à jouer leur rôle. Sentiment louable, à condition de prendre en compte que nous n'étions plus des tout petits. Il s'agissait, en réalité, plus d'un embrigadement que d'une animation, et cette forme de hiérarchie autoritaire et administrative ne nous convenait pas du tout.

Nos rapports se sont très rapidement dégradés. Réveillés (trop tôt à notre gré) par ces demoiselles qui nous retiraient brutalement nos couvertures pour nous empêcher d'y replonger, nous avons décidé de réagir et de dormir tout nus. Les trois jours suivants elles découvraient nos matins triomphants ! Le spectacle de nos adolescentes anatomies matinales n'a pas dû plaire à ces diablesses ingénues. A bout de ressources, elles ont sollicité leur mutation. Nous les trouvions, de toute façon, trop vieilles.

Des moniteurs les ont remplacées. En arrivant, eu égard à notre réputation, ils n'en menaient pas large. Fort intelligemment, ils ont préféré jouer du dialogue plutôt que de la force. Nous sommes assez vite parvenus à un compromis acceptable par tous. Une sorte de complicité s'est ainsi établie, qui s'est peu à peu trans-formée en relations amicales.

Nous n'étions pourtant pas des enfants particulière-ment difficiles mais nous acceptions de moins en moins de nous laisser mener par le bout du nez. Cet été-là, puisque l'on avait pratiquement fait éclater notre grou-pe de Versaillais, nous mettions à profit notre statut d'orphelins.

Nous étions intouchables, nous en étions conscients. Nous punir était toujours possible, cela nous amusait bien d'ailleurs. Mais notre renvoi n'était pas envisa-geable. Pour nous envoyer où ? Chez qui ?

Cette situation nous différenciait des autres, et nous en avons assez vite apprécié les avantages, nos diri-geants les inconvénients. Nous leur en avons fait voir de toutes les couleurs. Pour aller de notre pavillon à la maison centrale, nous longions des maisons en ruines, vestiges des récents bombardements aériens ou de canonnades terrestres, mais nous passions aussi devant les fenêtres de maisons habitées. Nous n'étions incon-nus d'aucun Berckois, car nous empruntions régulière-ment cet itinéraire en rangs pas trop serrés, nos maillots de corps ne descendant pas plus bas que le nombril. Evi-demment, nous étions sans culottes !

Ces vacances avaient pris une tournure, un style assez différent de celles de l'année précédente. Nous avions un an de plus. Aux jeux et activités de plage familiers s'ajoutaient des soirées où nous préparions les numé-ros que nous présenterions au spectacle de fin de séjour.

Avec l'accord des moniteurs, nous avions aussi la permission de minuit. Presque tous les soirs, nous allions nous promener en ville, sur la plage, ou dans les blockhaus qui étaient devenus nos fumoirs. Cet accord faisait partie de nos conventions et nous l'avons toujours scrupuleusement respecté. Notre sentiment de liberté était à ce prix.

A marquer d'une pierre blanche toutefois, une manifestation revendicative où nous avons outrepassé, semble-t-il, les droits qui nous avaient été consentis. Du jamais vu à la « Colonie Scolaire » ! Je faisais partie des quatre ou cinq organisateurs.

Les restrictions alimentaires, les cartes d'alimentation toujours en vigueur limitaient les possibilités d'approvisionnement. Tous nos repas — ils n'étaient déjà pas fameux — étaient accompagnés d'un quignon de pain tout maigrichon, à commencer par le petit déjeuner du matin. Colons et moniteurs faisaient le même constat.

Nous avions beau réclamer, rien ne changeait. Les tickets de pain étaient insuffisants, ils ne couvraient pas les besoins. Nous obtenions toujours la même réponse. C'était sans doute vrai mais, à nos yeux, cela n'expliquait pas tout. Nos dirigeants, eux, étaient correctement pourvus de pain. Nous les soupçonnions de traficoter avec nos cartes d'alimentation.

Aux grands maux, les grands remèdes ! Lassés par l'inertie de la direction, nous avons décidé, à l'unanimité ou presque, d'une manifestation. Au sérieux de la revendication s'ajoutait la perspective d'un moment de rigolade. Mais motus et bouche cousue jusqu'au jour J !

Ce midi-là, tous debout à notre place, nous avons attendu l'ordre de nous asseoir. Mis à part quelques craintifs ou récalcitrants, nous nous sommes tous retrouvés dehors quand le signal nous a été donné de passer à table. Les organisateurs en tête, nous avons parcouru en rangs serrés les rues de Berck-Plage aux cris de : « On veut du pain ! On veut du pain ! »

Les passants nous regardaient passer et repasser autour du pâté de maisons où se trouvait la colonie. Aucun sentiment d'hostilité ne les animait. Ils comprenaient notre initiative. Leurs regards et leurs réflexions n'avaient rien que de sympathique et d'amusé. En revanche, lorsque nous sommes rentrés déjeuner dans le plus grand calme, la tête de la direction s'était allongée comme un jour sans pain !

Toute l'équipe était heureuse de son coup. Cette manifestation avait été un succès complet. Mais avions-nous fait œuvre utile ? Comme par miracle, le soir même, le pain a réapparu en quantité normale au dîner. Nous en avions presque trop ! Et pour nous, « les meneurs », pas la moindre punition. Personne à la direction ne parlait de ce qui s'était passé ! Prudence est mère de sûreté, dit-on. La sagesse consistait à rester discret.

La fête de clôture s'est déroulée dans une excellente ambiance. Les vacances à Berck-Plage se sont donc bien terminées.

Mais le directeur et son équipe n'avaient pas l'air mécontent de nous voir partir.

XXI

Nous laissions Berck-Plage derrière nous pour retrouver notre maison de Versailles où Christic et Iena nous attendaient. Ils avaient été mis au courant de nos « exploits » Les nouvelles étaient allées vite. Elles nous étaient peu favorables. Il fallait tout de même rétablir les événements dans leur réalité. Notre version a dû les rassurer. Ils n'ont pas laissé paraître, en tout cas, qu'il en était autrement.

Ce mois de septembre 1947 représentait pour moi une nouvelle étape : j'allais apprendre le métier de tailleur, comme mon père. Je devais pour cela me déplacer tous les jours à Boulogne-Billancourt pour rejoindre l'atelier de Monsieur Gaston, juste au-dessus de son magasin. Son ouvrier tailleur principal était chargé de m'initier aux rudiments du métier. C'est avec lui que j'ai fourbi mes premières armes, tiré mes premières aiguillées sur des pantalons, manches ou vestons à raccourcir ou à rallonger.

Pour coudre vite et bien, il faut que le majeur droit qui porte le dé reste en bonne position, c'est-à-dire rabattu vers la paume de la main. Il avait donc fallu me l'attacher pendant quelques semaines pour acquérir les bons réflexes Je n'étais pas un cas d'espèce, tout apprenti tailleur passe par là.

Je faisais en bus mes allers-retours quotidiens. Mais

je suis bientôt devenu propriétaire du vélo qui avait servi à Monsieur Gaston pendant la guerre, pour aller au ravitaillement à la campagne. C'était un engin comme on n'en fait plus, sans freins à main, à rétropédalage, que les livreurs et porteurs de journaux connaissaient bien.

Il était assez costaud pour supporter le poids d'au moins six passagers, en comptant ceux des porte-bagages. J'ai pris néanmoins la décision d'économiser ferme sur ma paye pour, dès que possible, m'en offrir un plus moderne.

Ma première paye ! Elle était modeste, bien en dessous de l'argent de poche que Monsieur et Madame Gaston continuaient de nous donner de temps à autre. Mais les principes sont les principes. Les relations employeurs-apprentis n'ont rien à voir avec celles que nous pouvions entretenir par ailleurs.

Aux dires de mon patron, la relève semblait bien assurée : le cadet prenait le relais du père. Et puis, si j'apprenais bien mon métier, je ne manquerais jamais de travail.

La France sortait de la guerre, elle avait tout à reconstruire. La population était appelée à se retrousser les manches. Dans tous les secteurs d'activités, il fallait des têtes, il fallait des bras. Je faisais donc partie des bras en me ménageant pour conserver ma tête.

Avec mon apprentissage, je découvrais le monde du travail. Parallèlement, je faisais connaissance, de manière plus consciente, avec celui qui m'entourait. A l'école, j'avais appris que nos ancêtres étaient les Gaulois. J'ai su beaucoup plus tard que la France avait essaimé des tas de petits Gaulois sur tous les continents de la planète. Autant de pays, de peuples colonisés, soumis à l'Empire français, autant de populations auxquelles on imposait les mêmes ascendances que les nôtres. Encore que les miennes !...

Sans être particulièrement politisés, nous étions au courant des événements. Les choses du monde ne s'arrêtaient pas au seuil de l'orphelinat.

Notre pays sortait à peine de quatre années de guerre que nous nous engagions dans un conflit à l'autre bout du monde, contre l'Indochine qui se battait pour son indépendance. La France portait aussi la responsabilité de massacres en masse en Algérie et à Madagascar. Toujours pour les mêmes raisons : rester maître de ses colonies, convaincre leurs populations, y compris à coups de fusils, que leurs ancêtres étaient gaulois. Tout cela me paraissait injuste et je discernais mieux les causes de ces aventures militaires. D'autant plus injuste que, dans le même temps, j'approuvais sans aucune réserve la lutte menée par les Juifs pour obtenir de vivre enfin tranquilles dans un pays bien à eux, Israël.

Ce droit que je considérais légitime pour les Juifs, me paraissait tout aussi valable pour les peuples qui se battaient pour reconquérir leur indépendance.

Mon apprentissage professionnel se prolongeait donc par un apprentissage civique. J'aimais bien ce que je faisais en tirant l'aiguille et je n'étais pas indifférent à la vie des autres, même au-delà de nos frontières. Je m'efforçais aussi de séparer, dans mes appréciations, le bon grain de l'ivraie. Ce n'était pas chose simple. Mais c'était très éducatif et j'avais une nouvelle approche de l'Histoire. Celle que l'école n'enseignait pas.

Quelques années plus tôt, j'avais chanté « Maréchal, nous voilà... », j'avais vendu des cartes postales à son effigie aux passants, et au porte à porte. J'ai, comme d'autres hélas, été curieusement et cruellement payé de retour. Rapprocher ce souvenir de l'actualité m'éclairait suffisamment pour mieux discerner les causes de tel ou tel événement.

C'est à cette époque aussi que j'ai approché la presse plus régulièrement. Monsieur Gaston achetait et lisait « Franc-Tireur » qui est devenu mon journal quotidien jusqu'à sa disparition.

A l'automne 1947, la fermeture définitive de notre orphelinat était programmée à court terme et, sauf Christic et Iena qui prenaient leur retraite, nous allions tous partir pour La Varenne Saint-Hilaire, dans une nouvelle maison d'enfants. C'était le seul établissement qui appartenait encore à la « Colonie Scolaire ». Tous les enfants de déportés, scolarisés ou en apprentissage y étaient regroupés. Une grande villa, rue de Chanzy, avec une dépendance à une centaine de mètres, réservée aux grands.

A Versailles, on rentrait chez Christic, à La Varenne, on rentrait à « Chanzy ». D'une atmosphère plutôt familiale, nous passions à une ambiance plus impersonnelle. Il faut dire que nous étions beaucoup plus nombreux. Nous devions rompre avec un mode de vie, des habitudes que nous nous étions créés.

J'étais aussi obligé de quitter mon emploi à Boulogne pour me rapprocher de ma nouvelle maison. J'ai donc poursuivi mon apprentissage tout près de la Place Clichy, face au Gaumont Palace. Je n'avais que la rue à traverser pour aller au cinéma. Je ne m'en privais pas. J'étais déjà un fan des salles obscures à Belleville. Le cinéma « Cocorico » du Boulevard de Belleville me comptait parmi ses plus fidèles clients du jeudi après-midi. Nos parents nous y accompagnaient souvent en fin de semaine.

Je faisais mes nouveaux allers-retours toujours à vélo et je ne fréquentais plus la vie de l'orphelinat qu'en soirée et en fin de semaine, comme la plupart de ceux qui travaillaient. Nous commencions aussi à sortir entre copains et nos rapports avec les autres enfants évoluaient sensiblement, de même qu'avec la direction et l'encadrement. Nos dirigeants étaient chargés de faire de nous des adultes autonomes le plus rapidement possible.

Leur tâche n'était pas aisée, compte tenu de la disparité de leurs pensionnaires. Si le départ de leur tragique odyssée — la déportation — et son issue — le non-retour des leurs — étaient identiques, chacune de leurs vies avait été différente. Tous, jeunes et moins jeunes, avaient cependant en commun de se sentir, même confusément, rescapés de quelque chose.

Aucun de nos curriculum vitæ n'était des plus roses mais le pire que j'ai eu à connaître, c'est celui d'un gamin de huit ou neuf ans qui réapprenait à vivre dans cet orphelinat.

Il avait à peu près trois ans quand, en Pologne, ses parents et le reste de sa famille avaient été déportés. Sauvé par des voisins non juifs, il avait vécu près de quatre années, caché dans un placard dont il ne sortait jamais. Les risques étaient trop grands pour faire autrement. Tout se faisait dans son réduit, même ses besoins. La guerre terminée, la liberté retrouvée, ses protecteurs l'en avaient sorti dans un tel état de délabrement qu'il ne savait plus ni parler, ni marcher.

Réduit à l'état d'animal, comment cet enfant allait-il réapprendre qu'il était un petit d'homme ? Quand bien même il le pourrait, comment oublier ?

Asservir des êtres humains, les réduire à l'état d'animal étaient bien dans la nature du système hitlérien et de la Gestapo.

Fort heureusement, nous n'avions pas eu à subir cette extrême meurtrissure. Il était possible de faire quelque chose de nous, d'autant que la situation mondiale évoluait, celle d'Israël tout particulièrement. Les Juifs y construisaient leur patrie, la direction de la « Colonie Scolaire » de Chanzy nous vantait leurs mérites. Il n'y avait pas grand effort à faire pour s'imprégner de l'idée que le kibboutz serait notre cadre de vie. Nous ne serions jamais des « sabbras » puisque nous étions nés ailleurs, mais nos enfants le seraient.

Cette perspective me convenait assez bien et j'étais disposé à rejoindre ceux qui se battaient, à me battre avec eux pour vivre dans un pays qui serait le mien.

Notre enthousiasme était nourri des descriptions idéales que nous faisaient les animateurs. Dans les kibboutz, pas besoin d'argent, ça n'existait pas ! Chacun apportait sa contribution, ses compétences au service de la communauté.

Finies les contingences vestimentaires, nous serions au soleil, au propre comme au figuré. Fini d'attendre, le soleil allait briller pour nous aussi. Une vie de cocagne en somme, faite de fraternité collective, dans un pays que les Juifs allaient construire eux-mêmes, pour eux. Vivre en sécurité et se défendre ensemble pour ne plus avoir jamais à subir d'humiliation et de souffrance. Plus jamais les Juifs ne sauraient être les victimes de qui que ce soit ! Comment résister à un tel programme ? En tout cas, pas moi. Je pensais toutefois que mon sentiment serait plus largement partagé.

L'Hachomair Atzaïr me tendait la main. Je l'ai prise pour rejoindre cette organisation de jeunesse à dominante sioniste.

A l'orphelinat, nous étions un groupe de cinq bons copains, Henri, Jacques, Robert, Léon et moi. Nous sortions toujours ensemble, tout nous était commun, les bons comme les mauvais coups. A l'exception de Robert qui était apprenti ajusteur — un métier de « goy » —, les autres étaient apprentis tailleurs. Inséparables, nous vivions dans un petit pavillon spécialement aménagé pour nous. Il n'était pas bien grand, mais les deux chambres où nous vivions étaient confortables.

Lorsque le directeur a logé avec nous un sixième garçon sous prétexte que des jeunes ne pouvaient pas vivre en nombre pair dans une chambre, nous n'y avons pas prêté attention, ni vu malice. Nous n'avons pas été très longs à comprendre le bien que l'on nous voulait. Le directeur était garant de notre moralité et se devait de chasser les éventuels esprits malsains. Pauvre David, il n'en demandait pas tant. Bien plus jeune que nous, il est devenu notre souffre-douleur, en tout bien tout honneur.

De ces cinq là, j'étais le seul à m'être engagé autant en faveur d'Israël. J'allais mettre à profit mon premier mois de congés payés pour préparer mon futur départ. Par rapport aux grandes vacances d'antan, je perdais certes en quantité mais j'étais gagnant en qualité.

J'ai donc passé mes vacances, cette année-là, au camp pour adolescents organisé par l'Hachomair Atzaïr à Fromentine en Vendée. Je découvrais la vie au grand air, le camping sous les pins, en bord de mer. L'esprit progressiste de l'association permettait la mixité dans toutes les activités, sauf sous les tentes naturellement.

On nous enseignait l'histoire d'Israël. Nous apprenions sa culture et son folklore, nous en étions aussi les acteurs. Nous devions nous exprimer tant bien que mal en hébreu. On nous faisait vivre sur ce petit coin de terre vendéenne ce que nous étions appelés à vivre en Israël.

Les chants, les danses, le soir autour du feu de camp, faisaient le plein de nostalgie. C'étaient des moments privilégiés pour se faire des copains et surtout des copines. Nous avions tous le coeur plein d'allant.

La lutte faisait partie intégrante de notre formation aux combats. A tour de rôle, nous apprenions à protéger la collectivité. Le « mackel », sorte de grand et gros bâton, était notre outil de défense et d'attaque. Les adversaires étaient les Arabes que nous devions vaincre et chasser du territoire qui, de droit, était le nôtre. Nous étions organisés sur un mode para-militaire, calqué sur celui des kibboutz.

Dès l'aube, en carré, tenue et attitude exemplaires, nous assistions au lever du drapeau, pour recommencer à la tombée du jour avec sa descente. Les équipées itinérantes de trois ou quatre jours devaient elles aussi respecter ces règlements. Le drapeau israélien faisait partie de notre paquetage. Il fallait se débrouiller pour ériger son mât.

A tour de rôle, nous montions et descendions les couleurs au son d'une musique martiale. Dans les premiers jours, j'étais fier de l'honneur qui m'était fait, j'étais rempli d'orgueil car c'était une distinction, une sorte de récompense. Ces sentiments n'ont pas été de très longue durée.

Libérer ce qui deviendrait mon pays, imposer au monde son indépendance ? J'étais pour ! Envisager comme perspective durable l'Arabe comme un ennemi ? Confusément, cela me gênait aux entournures.

Les Arabes nous étaient décrits comme fainéants, incapables seulement de travailler, à plus forte raison de cultiver la terre et de cohabiter avec nous les Juifs. Ils étaient sales et occupaient les terres de nos ancêtres. Nous devions les en chasser.

Quelques années avant, j'avais eu à me battre violemment contre ceux qui me traitaient de « Sale Juif qui venait manger le pain des Français ». Maintenant, on m'apprenait à faire partie de ces « Justes » qui devaient chasser les « Sales Arabes qui s'étaient installés sur nos territoires ».

J'étais troublé par ces propos, j'en ressentais un certain malaise, car la similitude des formules était flagrante.

A cette instruction, s'ajoutait une forme de vie de plus en plus militaire qui ne me convenait pas du tout. Nous étions soumis à une hiérarchie omnipotente qui n'admettait aucune remarque, aucune critique. J'admettais la nécessité d'une organisation mais je ne pouvais concevoir qu'elle ne soit pas librement admise et partagée. Ce qui n'était pas le cas. Dès mon retour de ce camp, je me suis assez rapidement séparé de l'Hachomaïr Atzaïr, pas trop vite cependant à cause des copains et copines que je m'y étais faits. Mes amis ont suivi la même voie.

Les événements, durant notre séjour à La Varenne jusqu'à fin 1949, n'ont pas été qu'anecdotiques.

Dès notre arrivée, beaucoup de gens s'étaient intéressés à nous. Israël, à travers ses représentants en France, comptait, c'était bien normal, sur notre jeunesse et sur la place que nous pourrions occuper au sein de la population israélienne.

La direction de « Chanzy » et le rabbin de La Varenne avaient aussi l'oeil sur nous. Nous étions tous baptisés juifs et, dans l'ensemble, vierges de toute pratique religieuse.

Un grand nombre d'entre nous avaient dépassé l'âge mais qu'importe, les garçons devaient faire leur communion juive, la Barmitswah. Nous ne pouvions nous intégrer de façon cohérente dans un Etat juif sans ce sacrement. Décidément, la religion était encore à nos trousses.

Nous devions recevoir, comme pour notre baptême chrétien, quelques cadeaux en signe de récompense. Cette fois, ce serait une montre-bracelet pour chacun. Le présent était alléchant car il représentait plus que ce que nous n'avions jamais espéré avec nos maigres finances.

Jusque là, tout allait bien. Les choses se sont gâtées lorsqu'il s'est agi de fréquenter la synagogue et d'apprendre la Torah, — comme le catéchisme chez les chrétiens — pour préparer notre communion. La montre-bracelet, soit. Partir en Israël, passe encore. Mais mettre les pieds à la synagogue, pas question ! Mes quatre amis et moi ne voulions rien sacrifier à la religion. Surtout pas nos convictions ! Imperturbables et solidaires, nous demeurions imperméables à toute tentative de persuasion.

Et les arguments ne manquaient pas : nous avions accepté le baptême chrétien, pourquoi refuser la Bar-mitsvah ?

Nous n'avions pas l'intention de quitter la communauté juive, pourquoi nous imposer ce sacrement pour y rester ? Les projets que le rabbin et le directeur nourrissaient à notre endroit ne pouvaient justifier ces pressions.

Nous restions accrochés à nos certitudes. Il n'était pas question de revenir sur notre refus ni de transiger. Comme ultime recours, ordre nous a donc été donné d'aller à la synagogue. Il ne nous restait plus qu'à obtempérer, de mauvaise grâce et sans rien abandonner de notre position de fond. Mais le directeur de la « Colonie Scolaire » et le rabbin de la Varenne n'étaient pas au bout de leurs peines !

Nous étions toujours présents aux cours de sensibilisation à la Torah car nous étions des garçons obéissants. Mais nous demeurions muets et nos instructeurs étaient sans prise sur nous. Ils n'avaient aucun pouvoir sur des têtes qui refusaient d'apprendre et qui, de surcroît, étaient parfaitement imperméables aux textes liturgiques.

L'apprentissage de ces textes s'accompagnait obligatoirement de notre participation aux offices religieux du vendredi soir, des travaux pratiques en quelque sorte.

Ces soirées réservées au recueillement et à la prière étaient pour nous l'occasion de manifester notre désintérêt en perturbant l'office. Nous avions pris l'habitude de déclencher l'hilarité des gosses de l'orphelinat pendant les sermons de l'officiant en les ponctuant de « Poil à.... poil au ... ». Nous étions regroupés, les filles d'un côté, les garçons de l'autre, à l'arrière des adultes. Nous avions donc les coudées franches pour multiplier nos pitreries en toute impunité.

Nos déplacements continuels dans les travées, les projectiles de papier que nous lancions avec des élastiques provoquaient invariablement des murmures de réprobation et de perpétuels rappels à l'ordre. Mais nous n'avions pas épuisé toutes nos ressources.

Comme au cours de la messe catholique, les fidèles, pendant le « Sabbat », sont amenés à se lever pour prier, à s'asseoir pour se recueillir ou se reposer. Dans les rangées de bancs, chacune des places individuelles est dotée d'un siège qui se relève comme un couvercle sur une petite cavité profonde de dix à quinze centimètres environ. Elle sert au rangement des objets personnels.

Profitant d'un moment de prière, station debout, nous avons relevé tous les couvercles du rang situé juste devant nous. Inutile de décrire le charivari provoqué par ceux qui se sont assis sans prendre garde. Nos victimes se sentaient trop ridiculisées pour apprécier la plaisanterie. C'était, sans nul doute, une grande première à la synagogue de La Varenne.

Histoire de nous faire bien comprendre, nous lui avons donné une suite. Le calme et la sérénité étant revenus, nous nous sommes mis à jouer de l'harmonium pour faire bonne mesure et divertir le public, appelé précisément au plus profond recueillement. Les nôtres étaient partis d'un fou rire irrésistible. Pour le rabbin et la communauté pratiquante, la coupe était pleine. Il faut dire que nous y étions allés un peu fort.

Nous avons été privés de dessert, mais surtout de sorties en guise de sanctions. Elles pouvaient être levées si nous présentions nos excuses.

Pour le dessert, la solidarité des plus jeunes a joué. En douce, ils partageaient le leur avec nous. Quant aux sorties, nous n'avions pas besoin de permission pour franchir la porte au vu et au su de tout le monde. Personne n'osait s'opposer physiquement à nous, même pas notre directeur.

Le vendredi suivant, le rabbin avait profité de l'office pour nous interpeller un par un et condamner nos méfaits, devant un auditoire attentif à l'oracle. Le verdict allait enfin tomber. Nous étions interdits de synagogue tant que nous n'aurions pas fait amende honorable. Cette sanction s'ajoutait à la punition infligée par l'orphelinat. Peines perdues, le rabbin doit toujours nous attendre, repentants comme les bourgeois de Calais.

Nous avions obtenu gain de cause. On nous laisserait tranquille avec la religion et, pour la montre, un jour viendrait où nous pourrions nous l'offrir nous-mêmes. L'aventure n'avait pas été simple mais nous étions enfin soulagés : on nous renvoyait dans nos foyers.

On ne me verrait donc jamais en communiant. Je n'en tirais aucune gloire particulière. Mais désormais il serait de plus en plus difficile de m'imposer des vues, des décisions que je ne partagerais pas ou qui n'auraient pas fait l'objet de compromis acceptables.

Tout compte fait, à y regarder d'un peu plus près, l'essentiel de notre vie à La Varenne gravitait autour de la communauté israélite. Avant tout, il y avait Israël, le sionisme, la religion juive, jusqu'au club sportif, le « Maccabi » qui était le seul officiellement reconnu.

Toutes les activités et animations étaient circonscrites dans ces limites. Ce qui se situait ailleurs ne devait pas nous concerner.

Fort heureusement pour nous, notre travail nous mettait en contact avec le monde extérieur. Si les patrons chez lesquels je travaillais étaient tous juifs, ce n'était pas toujours le cas de leurs employés. Il en était de même des restaurants ouvriers où l'on se retrouvait pour le repas de midi. Nous avions fini par établir des relations sans nous soucier de leur appartenance religieuse, par nous faire de nouveaux copains de virées.

Le cinéma, les bals de nuit en fin de semaine et le football convenaient parfaitement à nos appétits juvéniles. Il n'y avait cependant chez nous aucune volonté de rejet de la communauté mais nous estimions que le cadre dans lequel on voulait nous confiner, le costume qu'on voulait nous faire porter, étaient un peu étriqués.

Parallèlement à la « Barmitsvah », les enfants de La Varenne intéressaient les couples désireux d'adopter de jeunes orphelins. De ce point de vue, la « Colonie Scolaire » ainsi que d'autres organismes à vocation identique comme l'O.S.E., « Le Renouveau », etc., étaient de véritables viviers. Ces orphelinats étaient en mesure de répondre à toutes les demandes ou presque. Jeunes ou plus âgés, grands ou petits, gros ou maigres, bruns, blonds ou roux, nous pouvions satisfaire même les plus difficiles.

La « Colonie Scolaire » se trouvait devant un problème aux solutions multiples : garder en son sein des enfants auxquels elle continuait à assurer le gîte et le couvert sans contrepartie financière et patienter jusqu'à ce qu'ils aient acquis un métier pour vivre en toute indépendance, ou leur trouver un foyer d'accueil qui deviendrait leur nouvelle famille.

Cette dernière hypothèse offrait les meilleures garanties pour que ces enfants ne soient pas livrés à eux-mêmes. Ils étaient déjà passés au bord du pire. Autant leur éviter de nouveaux risques.

Adopter des orphelins était d'une simplicité... enfantine. Les formalités administratives étaient réduites au strict minimum. Il suffisait d'un accord entre les trois parties concernées, l'adopteur, la « Colonie Scolaire » et les adoptables en puissance.

Il était possible d'agrandir son cercle de famille comme on fait son marché. Encore qu'à cette époque, les denrées étaient plus rares que les orphelins. Quant à ceux qui, comme nous, pouvaient être directement concernés, la perspective d'être adoptés nous paraissait une solution raisonnable.

Henri et moi, nous avions un profil idéal d'adoptables. Plus aucune famille directe ou lointaine, aucun port d'attache sinon l'orphelinat et Monsieur et Madame Gaston avec lesquels nous maintenions des relations amicales — bien entendu, ils seraient consultés et informés le cas échéant. De toute façon, il y avait peu de chances pour que nous quittions la France, même adoptés. Pas de comptes à rendre. En somme, nous ne posions aucun problème particulier si ce n'est que nous étions deux frères et qu'il n'était pas question de nous séparer. A cette condition près, la perspective de l'adoption nous semblait un projet crédible et susceptible de nous intégrer à la société. Henri et moi nous y préparions.

Aux visites de la direction parisienne s'ajoutaient maintenant, avec une plus grande fréquence, celles des

« adoptants » que l'on voyait rarement plus de deux fois. Quand ces visites passaient ce cap, c'est que l'un d'entre nous les intéressait.

Les jours précédents ces visites, le siège de la Rue Amelot dépêchait une estafette chargée de s'assurer de la bonne tenue des locaux. Ils devaient être « nickel », les enfants aussi. Tout dans la maison devait briller comme autant de sous neufs. En fait, rien que de très classique pour sauver les apparences.

Pour les pensionnaires qui logeaient dans la villa centrale avec la direction, le ménage était assuré, les lits faits au carré par le personnel chargé de l'entretien. Exception faite du lit des grandes qui s'en occupaient elles-mêmes.

Dans notre pavillon à l'écart, nous ne devions compter sur aucune aide extérieure, nous étions grands et responsables. Nous avions la charge de « tout faire briller du sol au plafond ».

En temps normal, nous faisions déjà dans l'à-peu-près (c'était beaucoup plus soigné dans la chambre d'Henri) et rien ne justifiait à nos yeux que nos visiteurs aient une vision artificielle dans leurs tournées des popotes. Nous en rajoutions même un peu, par pur esprit de provocation. Les délégations qui se succédaient faisaient notre connaissance dans les limites du parc, au pire sur le seuil de la porte d'entrée. Il fallait éviter qu'elles pénètrent à l'intérieur de notre maisonnette. La direction y veillait. A force de désobéir aux ordres, nous n'étions plus en odeur de sainteté. L'encadrement local et national était impatient de nous voir ailleurs. Le plus tôt serait le mieux, mais la majorité civile était alors de vingt et un ans et nous étions encore loin du compte.

Néanmoins, ce qui devait arriver arriva un jour. Un monsieur, marié, sans enfants, avait mis à profit un bref séjour en France pour passer par La Varenne. Il avait jeté son dévolu sur Henri et moi. Au cours de sa courte visite, nous lui avions, sans nous en rendre compte, « tapé dans l'oeil ».

Tout en nous lui convenait.

C'était un Juif américain. Je préfère dire un Américain juif, riche, très riche. Il était Président Directeur Général d'une entreprise que l'on qualifierait aujourd'hui de multinationale et dont le siège était à Brooklyn. Il s'agissait tout bonnement de la Compagnie des Lampes Tunsgram.

Monsieur Smiguel, alias Smiguelski, nous avait été présenté comme un patron international. Il avait des usines un peu partout dans le monde, et c'est au cours d'une de ses visites en Europe que nous avons fait sa connaissance. Notre première rencontre officielle a eu lieu dans le hall du « Grand Hôtel » de la rue Scribe, proche de l'Opéra de Paris. C'était là qu'il descendait chaque fois qu'il passait dans la capitale.

En pénétrant dans cet hôtel de luxe, nous entrions dans un autre monde, un monde que nous ne connaissions pas et qui nous impressionnait. Mais Monsieur Smiguel avait l'art de mettre rapidement son auditoire à l'aise. Installé dans d'immenses et confortables fauteuils, nous l'écoutions nous parler de sa famille et de son entreprise. Il nous a fait part de ses projets et des plans qu'il dressait pour nous. Nous serions appelés à en être les acteurs à part entière et son ambition était que nous les réalisions ensemble, avec notre accord.

A notre arrivée aux Etats-Unis, nous serions installés dans sa résidence principale, au coeur de Los Angeles et nous y reprendrions nos études pour nous former à la direction d'entreprise.

Il voulait tout simplement faire de ses « fils » les dirigeants de demain de la Compagnie des Lampes Tunsgram. Rien de plus, rien de moins !

Ce déluge de bonnes nouvelles tombait d'un seul coup sur nos frêles épaules. L'eau n'était pas froide mais quand même !...

L'humble petit apprenti tailleur du petit atelier de la petite rue Forest à Paris, venait de rencontrer le prince charmant. Son frère Henri, manutentionnaire chez un tailleur de la rue Beaubourg était, lui aussi, dans ce beau conte de fées. C'en était fini de nos grands malheurs et de nos petits bonheurs. Notre vie allait être transformée d'un coup de baguette magique. Nous allions fonder une belle et grande famille et nous aurions beaucoup, beaucoup de petits... employés sur lesquels nous... régnerions.

Perrault n'aurait jamais pu imaginer une histoire pareille ! Il y avait de quoi nous donner le vertige.

Au cours de ce premier contact, l'essentiel avait été dit. Il ne nous restait plus qu'à digérer ce que nous venions d'apprendre.

Avant de repartir pour un périple en Belgique, en Hollande et en Angleterre, Monsieur Smiguel nous a remis à chacun une enveloppe. C'était notre argent de poche. Nous les avons ouvertes une fois sortis de l'hôtel pour y découvrir l'équivalent de plus de trois mois de salaire. Mille francs, une vraie fortune ! Nous étions riches, nous nagions en pleine opulence et nous allions appartenir à ce monde-là. Difficile de résister à de si radieuses et alléchantes perspectives.

Nous devions retrouver notre prince à Paris avant son départ pour New-York. Il souhaitait revoir ses fils.

Il nous fallait toutefois nous armer d'un peu de patience. Si les modalités d'adoption, dans notre cas, n'étaient pas très compliquées, notre installation aux Etats-Unis supposait un changement d'identité. Or, notre nom était tout ce qui nous restait de nos parents et nous avions du mal à l'abandonner. Monsieur Smiguel comprenait notre réticence, il allait négocier avec les autorités administratives américaines. Il nous assurait une solution conforme à nos souhaits.

Tout allait donc pour le mieux dans le meilleur des mondes et nous avions hâte de rentrer à La Varenne pour le prouver aux copains, nos enveloppes à l'appui. Nous allions faire des envieux.

Des envieux certes, mais des amis heureux que notre étoile brille enfin. Une petite ombre cependant dans ce tableau idyllique. Nous allions devoir nous quitter. Qu'à cela ne tienne, notre séparation ne serait que de courte durée. Une fois en place, nous arriverions bien à créer les conditions pour qu'ils nous rejoignent tous là-bas. Nous nous y engagions, ils pouvaient compter sur nous. Dans ce pays de cocagne, ils auraient une place au soleil eux-aussi.

Nous n'avons pas revu notre prince comme prévu. Une grève des transports en France l'avait obligé à modifier ses plans. Il était reparti chez lui directement de Londres.

Toutefois, durant les mois qui ont suivi, nous sont parvenus régulièrement des colis bourrés de confiseries et autres produits américains, de quoi satisfaire l'appétit des copains aussi. Monsieur Smiguel avait engagé les démarches et nous faisait parvenir les copies des documents administratifs qui confirmaient l'état d'avancement de notre dossier d'immigration.

Nous recevions également de la documentation sur les USA, des photos de la Floride. Los Angeles était belle, une ville magnifique : d'immenses orangeraies, des fleurs partout, des plages à l'infini. Le tout baigné d'un soleil éclatant toute l'année. L'été, douze mois sur douze. Des photos nous montraient la villa que nous allions habiter, l'université où nous serions étudiants.

Nous rêvions, nos amis aussi. Telle la Belle au Bois Dormant, nous attendions notre Prince. Malheureusement, la fée Carabosse s'était mise de la partie. Plus le temps passait, plus les nouvelles et les colis se faisaient rares. Les visites plusieurs fois annoncées étaient toujours reportées à une date ultérieure, jusqu'au jour où plus rien ne nous est parvenu.

Plus les jours passaient, plus le rêve s'éloignait. Jusqu'au moment où nous avons dû nous réveiller : le fil ténu qui nous reliait à l'Amérique s'était rompu. C'était fini, on n'entendrait plus jamais parler de Monsieur Smiguel et de ses projets d'adoption. Il avait divorcé et s'était remarié dans l'espoir d'avoir les enfants que sa première femme ne pouvait lui donner. En la circonstance; le choix de ce monsieur n'avait rien que de très légitime. Le protectionnisme américain reprenait ses droits. Il fallait privilégier les produits d'origine par rapport aux produits d'importation.

Notre conte de fées nous laissait un goût amer de trahison. Adieu l'Amérique, la Floride, Los Angeles ! Adieu l'opulence, les rêves de puissance.

Mais nos regrets se sont rapidement dissipés, ils n'étaient que superficiels. Mieux valait avoir les pieds bien sur terre, d'autres projets de voyages merveilleux nous consoleraient. Les copains, quant à eux, étaient plutôt satisfaits que cela se termine ainsi. Nous étions sûrs de ne pas nous quitter.

Il fallait aussi se rendre à l'évidence. Aucune tentative d'adoption n'avait réussi à se concrétiser à La Varenne. Les raisons en étaient toutes aussi bonnes que diverses. Le bide le plus complet sur toute la ligne !

Nous n'étions pas des orphelins ordinaires. Meurtris par l'histoire récente, nous avions fait la preuve de notre pouvoir d'adaptation mais manifestement, nous étions incapables de combler un seul désir d'adoption. Le courant ne passait pas. Même pétris de bons sentiments, les plus obstinés devaient se rendre à l'évidence : l'adoption est plus aisée avec des nourrissons. Il n'y en avait pas à l'orphelinat, évidemment...

XXII

L E 14 MAI 1948, l'indépendance d'Israël a été pro-
clamée. L'existence de ce jeune Etat a été immédiatement reconnue par l'URSS, suivie de peu par
les USA. Chaque jour voyait grossir le nombre des pays
qui adoptaient la décision prise par les deux grands.

Cela nous réchauffait le cœur et la « Colonie Scolaire » avait fêté l'événement en grande pompe. Les Juifs
allaient enfin pouvoir vivre en sécurité chez eux, pour la
première fois depuis que le monde était monde.
C'en était fini du « Juif errant ». Il n'était pas besoin
d'être sioniste pour être ému et fier de cette reconnaissance. Les kibboutz, les kibboutzim régnaient en Israël,
dirigeaient le pays, ils y établissaient le socialisme.
Tout, ou à peu près, ce que nous avait appris l'Hacho-
mer Atzaïr se mettait en place. La vie allait passer
par l'égalité entre tous, la paix avec ses voisins. Une belle
épopée commençait. Le nouveau s'installait, le rêve
devenait réalité. De partout, en particulier du nouvel
Etat, partaient des appels pour encourager les Israélites
à rejoindre leur pays tout neuf, à hisser leur nouveau
drapeau bleu et blanc frappé de l'« Etoile Jaune » (celle
de David) devenue bleue, comme un défi aux promo-
teurs de génocide (on ne disait pas encore Holocauste)
qui s'étaient promis de faire disparaître tous les Juifs de
cette terre.

Très satisfaits de l'évolution de la situation et des esprits, nous n'étions cependant pas attirés par un pays fondé sur la religion. Nous n'avons pas répondu à ces appels pressants. Il n'était pas question de replonger, sous prétexte d'Israël, dans ce que nous avions jusqu'ici refusé non sans quelques difficultés.

J'avais donc choisi de rester en France, mais je n'étais pas pour autant d'accord avec la politique qu'elle menait. Elle s'était engagée dans la « sale guerre » coloniale en Indochine. Les communiqués de victoire se succédaient. La péninsule indochinoise, possession française, resterait française. La question ne se posait même pas, il n'y avait pas à y revenir. Ceux qui pensaient autrement étaient des traîtres à la patrie. Je devais en être puisque je me sentais solidaire des patriotes indochinois.

C'étaient des êtres humains, c'était comme tels qu'ils exigeaient d'être reconnus, les armes à la main. Ils n'avaient pas d'autre solution.

L'histoire récente m'avait ouvert les yeux et confirmait ma position. Pendant la guerre, en effet, les résistants avaient été dénoncés à la vindicte populaire comme autant de terroristes à la solde de Moscou. Selon les collaborateurs de tout poil, ils ne méritaient alors que le peloton d'exécution ou la corde pour les pendre.

En Indochine, la quasi-totalité de la population était désignée comme terroriste. La France avait participé à la libération des camps de prisonniers et de déportés. Là-bas, dans le sud asiatique, elle faisait très exactement l'inverse. Elle ouvrait des camps, pour y emprisonner tout un peuple !

Les partis politiques, de la gauche non communiste à l'extrême droite, étaient plutôt à l'unisson. Pour moi, le plus troublant était la présence, aux avant-postes de cette guerre coloniale, de tous les nostalgiques (déjà) de Pétain et du fascisme.

La seule présence de ces crapules criminelles dans le camp de la guerre m'aurait amené à me ranger dans celui qui militait pour l'indépendance et la paix en Indochine. Je soutenais le camp de la paix, sans encore avoir une vraie pensée politique.

De Gaulle avait déjà quitté le gouvernement depuis longtemps. « Il était parti parce qu'il avait tourné sa veste, choisi les riches », selon une opinion largement répandue et que je partageais. J'avais de lui l'image d'un militaire opposé aux intérêts des plus modestes.

Nous étions toujours en apprentissage. Le marché noir avait encore la vie facile, surtout pour les cigarettes américaines que l'on achetait sous le manteau, au propre comme au figuré, Place Blanche à Pigalle.

Notre travail ne nous permettait pas encore de subvenir à tous nos besoins, mais nous réussissions à payer nos vêtements et à nous équiper, notamment de vélos flambants neufs. La « Colonie Scolaire », quant à elle, trouvait que les grands comme nous lui coûtaient de plus en plus cher. Elle cherchait toujours à nous placer ailleurs. Israël et l'adoption avaient fait chou-blanc. Peut-être que l'Australie serait une bonne solution.

L'Ambassade en faisait beaucoup la promotion. C'était un pays neuf, peu peuplé, en quête permanente de main-d'œuvre, qualifiée ou non. Le pays manquait de travailleurs dans toutes les branches d'activités professionnelles, tant techniques qu'administratives. De jeunes ouvriers de sexe masculin équilibreraient une population locale majoritairement féminine.

Le ministère du travail ou les services d'embauche fournissaient le contrat de travail avant le départ, assuraient le logement dans un foyer, les premiers mois, puis un appartement plus confortable. Ils promettaient de bons salaires dès la période de formation, et ils avaient même besoin de tailleurs. De plus le voyage était payé.

La « Colonie Scolaire » ne pouvait que donner son accord à ceux qui étaient intéressés. Après mûre réflexion, Henri et moi avons opté pour cette voie qu'on nous ouvrait. Elle ne nous faisait pas spécialement sauter de joie, mais nous allions rester ensemble, assurés d'un travail, d'un salaire, et libres d'en disposer à notre guise. En cas d'échec, l'administration s'engageait à assurer notre rapatriement. Nous ne risquions donc rien. Nous n'avons pas cédé à l'amicale et sincère pression de nos copains réticents. Nous voulions tenter l'expérience. Il fallait bien que nous nous décidions à faire notre vie.

Les choses sont allées bon train. La « Colonie Scolaire » avait fait diligence. Au bout d'à peine plus de trois mois, Henri et moi étions en possession de tous nos papiers d'émigration. L'Australie nous attendait. Nous devions mettre le cap sur Sydney par bateau. Il ne restait plus qu'à décider de la date d'embarquement. Après avoir tout réglé, réparti entre les copains les affaires dont nous n'avions plus besoin ou que nous ne pouvions pas emporter, nous nous sommes retrouvés, mon frère et moi, chacun notre dossier sous le bras.

Henri s'est alors décidé à parler. Cela faisait déjà quelque temps qu'il faisait bonne figure sans que le cœur y soit. Pourquoi s'en aller ? Nous avions dû fuir la Pologne, la France ne nous obligeait pas à partir.

Qu'allions nous chercher ailleurs ? Notre vie était ici. Finalement, je me suis rangé aux arguments de mon frère, d'autant que je ne pouvais pas envisager un départ sans lui : nous risquions d'être définitivement séparés.

Nous étions passés ensemble au travers des mailles du filet pendant toute la guerre. C'est ensemble que nous voulions rester. Nous avons donc renoncé à notre projet mais il avait été moins une. Tout compte fait, Henri était un sage. Il l'avait toujours été !

En somme, le drapeau français nous convenait parfaitement, il nous restait à attendre de devenir français, le temps que nous ayons l'âge d'en faire la demande.

C'en était terminé de nos projets d'immigration et de voyages. Ceux à venir seraient touristiques, et c'était bien mieux ainsi.

Une fois de plus, nos copains étaient soulagés. Nous restions avec eux. La vie a donc repris son cours normal. Travail, cinéma, sport, dancing, drague. Tout ce qui fait le commun de la jeunesse. Il commençait à m'arriver de changer d'employeur, pas toujours pour des raisons professionnelles. Simplement pour respirer un air différent, connaître une autre ambiance, d'autres personnes. Le travail ne manquait pas et, petit à petit, je commençais à me diriger vers les ateliers de confection où l'on fabriquait ce que l'on appelle le prêt-à-porter. Je devenais un bon mécanicien, j'étais payé aux pièces et, en saison, je ne comptais plus les heures de travail quotidien. Au fur à mesure que s'affirmait mon savoir-faire, ma rapidité d'exécution, ma paye s'en ressentait et je gagnais de mieux en mieux ma vie.

Parallèlement, la « Colonie Scolaire » ne désarmait pas. Elle m'avait trouvé une nouvelle famille adoptive.

Il s'agissait d'un couple de commerçants dijonnais, sans enfants. Propriétaires d'un magasin de vêtements pour hommes, ils étaient à la recherche d'un adolescent qui deviendrait le fils de la famille, assurerait le fonctionnement de leur commerce et, à terme, prendrait leur succession.

Ils ne souhaitaient pas un petit enfant mais un jeune déjà professionnellement bien formé. Ils étaient disposés à faire le maximum pour que notre future cohabitation se passe bien.

Avec mes seize ans et trois mois, je répondais tout à fait aux critères. Mon âge leur paraissait idéal et permettait d'envisager une adoption officielle et définitive. Il restait, cependant, qu'Henri ne faisait pas partie du lot et je ne pouvais me résoudre à me séparer de lui.

C'est pourtant lui qui m'a encouragé à accepter la proposition. Dijon n'était pas au bout du monde et nous pourrions nous voir régulièrement. Henri serait toujours le bienvenu, il pourrait venir quand il le voudrait et puis, qui sait, l'avenir nous réunirait un jour en Bourgogne, dans la capitale de la moutarde et de la crème de cassis.

C'est autour d'une bonne table dans un restaurant du quartier de la République que j'ai fait connaissance avec ma « mère adoptive ». Nous étions convenus d'un rendez-vous lors d'un de ses déplacements hebdomadaires à Paris. J'étais accompagné d'un représentant de la « Colonie Scolaire ». Pour faire bonne figure, je me souviens d'avoir fait l'effort de choisir un « steak haché, frites » au lieu du poulet que j'aurais préféré, mais où je risquais de devoir mettre les doigts.

Le repas s'est passé de façon agréable. Je plaisais

bien à la dame. Elle me faisait l'effet d'une personne gentille, habitée de la meilleure volonté pour créer les conditions d'une bonne entente.

Ce couple de Dijonnais voulait me familiariser le plus rapidement possible avec la gestion, le fonctionnement du magasin. Apprendre à vendre, encaisser, connaître les articles. Par la suite, je serais amené à participer aux achats et aux visites des collections à Paris. J'étais déjà en mesure de faire les retouches des articles vendus. Me faire connaître de leur clientèle existante était déterminant.

Le travail ne me faisait pas peur. Ce que je craignais par-dessus tout, c'était la vie familiale. J'avais quelque inquiétude mais j'étais au pied du mur et, cette fois encore, bien décidé à franchir le pas.

Un beau jour de février 1949, j'ai pris le train pour Dijon. Henri et les copains avaient tenu à m'accompagner à la gare de Lyon pour un au revoir un peu prolongé. J'étais le premier (et le dernier...) de tous les orphelins de La Varenne à partir dans ces conditions.

J'avais pris bonne note des recommandations et emporté seulement ce à quoi je tenais le plus, ce qui se résumait à peu de choses. Pour le reste, je n'avais aucun souci à me faire. Sur place, je serais équipé, habillé de neuf, de pied en cap. Je n'aurais que l'embarras du choix dans les rayons du magasin.

J'allais connaître enfin mon nouveau « père ». Sa femme m'en avait fait une description détaillée. Elle me l'avait présenté comme un homme plutôt souriant. Il l'était. Pas très grand. C'était le cas. Du genre rondouillard, ce qui n'avait d'ailleurs aucune espèce d'importance, cela renforçait son aspect jovial. Grassouillets, ils l'étaient tous les deux et dotés, également, d'un accent juif assez prononcé. Je n'ai pas eu le temps de savoir comment ils avaient traversé ces années orageuses, tant ils avaient d'autres choses à me dire.

Les dimensions du magasin dépassaient largement celles d'une simple boutique, elles approchaient celles d'une « moyenne surface ». Leur appartement se situait au premier étage, au-dessus de l'enseigne « Au vêtement moderne », il était vaste et confortable. Une chambre m'était réservée. Cela ne m'était encore jamais arrivé et augurait bien de la suite. Une autre était prévue pour Henri, lorsqu'il viendrait me rendre visite dans cette rue Stephen Liégard.

Nous avons consacré les premiers jours de mon arrivée aux amis, relations et voisins, auxquels j'étais présenté comme le fils de la famille. Fils unique bien sûr ! Aux uns et aux autres, je devais décliner mon état civil et faire un bref historique de mon passé. J'étais couvert d'éloges qui m'allaient droit au cœur. Les encouragements pleuvaient et je ne mesurais certainement pas « ma chance d'être tombé entre les mains de Monsieur et Madame X... qui ne voulaient que mon bonheur ».

J'avais fait mon entrée dans le monde dijonnais, il était temps que je me mette au travail sous la houlette éclairée de Monsieur. Je ne me souviens pas du nom de ces personnes mais, à aucun moment, ils n'ont exigé que je les appelle « papa » ou « maman », ni même « père » ou « mère ». Je n'aurais d'ailleurs pas pu. C'était donc « Madame » et « Monsieur », ce qui ne changeait pas grand chose au contenu de nos relations.

J'avais pris des engagements et je tenais à les respecter le mieux possible, d'autant que le travail ne manquait pas. Il fallait tout d'abord assurer l'ouverture du magasin après que la femme de ménage ait rempli son office. J'étais chargé de ranger les rayons et je devais me familiariser avec les emplacements réservés aux différents articles, selon leurs tailles. Une fois tout en place, le client pouvait arriver. J'étais prêt à exercer un nouveau métier, le commerce. Ce genre d'activité me plaisait car il me permettait un contact toujours différent. J'affûtais peu à peu mes arguments sous la surveillance bienveillante du patron. La patronne tenait la caisse. Dans l'ensemble, je les secondais de mon mieux et ils n'avaient pas l'air trop mécontents de leur apprenti.

Nous étions toute la journée au magasin et le soir après le dîner, je faisais les retouches urgentes promises pour le lendemain. Il fallait que je prenne de l'avance pour éviter l'amoncellement des vêtements à rectifier. La dame m'accompagnait dans ce travail. Son mari ne savait pas coudre.

Le plus long, c'était le week-end que je passais, du dimanche matin jusqu'au lundi soir, à tirer l'aiguille, à faire le « pompier », (terme professionnel qui désigne le retoucheur). Le dimanche après-midi, j'allais avec la dame me promener en ville. Nous allions au cinéma. Le Monsieur partait pour Paris jusqu'au lendemain soir.

Au bout de quelques semaines, l'ennui commençait à me peser. La vente me plaisait bien, mais les jours de fermeture j'étais toujours seul, sans copains, toujours avec la dame et, comme je n'avais pas d'argent de poche ni de salaire, les possibilités d'évasion étaient des plus réduites.

Je me sentais plus un homme à tout faire qu'un fils potentiel. Durant cette période d'essai, mes « parents adoptifs » s'y prenaient bien mal pour qu'il en soit ainsi. Ils ne voulaient réellement que mon bien mais ils étaient bien maladroits.

Rapidement, je me suis rendu compte que les lettres de mon frère étaient ouvertes avant de m'être remises. Celles que je lui envoyais étaient postées par la dame car je n'avais pas de quoi payer le timbre moi-même. Je me doutais bien qu'elle les ouvrait aussi, par curiosité sans doute, pour mieux connaître le fond de mes pensées, certainement. Ces gens n'étaient pas malveillants.

Nous n'avions pas de secrets particuliers à échanger avec Henri, mais pour mettre fin à cette « espionnite », nous avions décidé de nous écrire en argot. Nous étions désormais plus tranquilles.

Il fallait bien que je lui annonce dans quelles circonstances m'avait été présentée celle qui m'était promise.

Car les choses s'organisaient aussi sur ce plan, de façon curieuse mais pas très originale, semble-t-il, dans ces milieux un peu parvenus. Mes « parents adoptifs » et les parents de la jeune fille s'étaient entendus, à notre insu, pour accorder nos violons et surtout les leurs.

J'ai donc vécu un dimanche un peu différent des autres. La demoiselle et ses parents avaient fait le déplacement à Dijon pour notre première rencontre. Nous avions à peine été présentés que nous étions déjà promis l'un à l'autre. Pour une surprise, c'était une surprise. Pour elle comme pour moi.

Cette fille n'était pas désagréable du tout, plutôt mignonne. C'était même un beau parti. Ses parents étaient grossistes en cuirs et peaux à Paris. La dot avait déjà été débattue et évaluée dans ses grandes lignes. Depuis mon arrivée à Dijon, c'était la première personne de mon âge avec qui je parlais. Cette demi-journée de totale liberté nous a permis de faire plus ample connaissance et nous sommes rapidement tombés d'accord pour laisser « les vieux » à leurs fantasmes d'entremetteurs et aux plans qu'ils tiraient, pour nous et sans nous, sur la comète. Il leur faudrait bien, le moment venu, compter avec nos exigences. Le retour à Paris de ma « fiancée » s'est effectué dans une ambiance pour le moins orageuse, pour ce que j'en ai su par la suite. Pour ma part, j'essayais de prendre ces manoeuvres du bon côté et à la rigolade. Mais chez ces « nouveaux riches », ces questions n'admettaient aucune plaisanterie.

Ce mariage « arrangé » visait à assurer ce qu'ils croyaient être le bonheur de leurs enfants. Ils assuraient, par la même occasion, l'avenir de leur affaire commerciale.

J'étais à un âge où la carotte de la fortune me passait au-dessus de la tête. Je n'avais pas l'intention d'y sacrifier mes sentiments. Je ne me faisais pas du tout à ce prêt-à-porter. J'avais le temps, le hasard ferait bien les choses.

Je n'ai jamais revu cette jeune fille. D'autres rencontres étaient prévues, mais nous en sommes restés là. Ce dimanche n'a rien changé de mes sentiments.

Heureusement, Pâques n'était pas bien loin. Le week-end prolongé permettait à Henri de venir passer quelques jours à Dijon. Notre première séparation, lors de mon départ de La Varenne en février, s'était plutôt bien passée. J'avais bien eu quelques pincements au coeur dans le train mais j'allais vers du neuf, avec la bénédiction de mon frère.

Cela faisait près de trois mois que nous ne communiquions que par courriers interposés. Nous avions donc hâte de nous revoir. Nous attendions ce moment avec fébrilité. Le magasin étant ouvert le samedi, je n'ai pas eu beaucoup de temps à consacrer à nos retrouvailles.

Mais nous n'avons pas vu passer les deux jours suivants tant nous avions à faire et à nous dire. Nous nous sommes retrouvés tous les deux sur le quai de la gare. Nous devions déjà nous séparer, Henri repartait à La Varenne. Evidemment, nous allions nous écrire durant ces trois longs mois, avant de nous revoir aux grandes vacances.

« Les gens chez qui je vivais avaient l'air bien, avaient beaucoup de projets pour moi, etc. etc. », Henri m'encourageait et j'étais d'accord avec lui sur ce point mais je sentais monter en moi une vague de tristesse. J'avais la nostalgie de l'orphelinat.

Henri était parti seul et, seul sur le chemin du retour, j'ai pris la décision de rendre mon tablier. Mes « parents adoptifs » auraient aimé que ces deux jours passés avec mon frère m'apportent suffisamment de réconfort pour me voir sourire. Ma décision les a laissés sans voix. Leur peine était réelle. J'avais chez eux le meilleur avenir possible. Ils étaient prêts à consentir de nouveaux efforts pour que je tente un nouvel essai, prêts à tout pour me garder.

Mais ils ne comprenaient toujours pas qu'Henri était tout pour moi, ils ne comprenaient pas que mes copains et l'orphelinat étaient ma plus proche et véritable famille.

Plus ils montraient de gentillesse et manifestaient de bonne volonté, plus je campais sur mes positions : il fallait qu'ils se rendent à l'évidence. Les mesures ont donc été prises pour assurer mon retour à La Varenne, le temps que la « Colonie Scolaire » et la direction de l'orphelinat enregistrent ce nouvel échec et me refassent une place. Monsieur et Madame X... se consoleraient et finiraient bien par me remplacer. Leurs projets d'adoption ont finalement abouti avec un autre que moi. Sans doute avaient-ils tiré les leçons d'une expérience négative pour éviter de renouveler les mêmes erreurs. Mon successeur, qui a beaucoup entendu parler de moi, est toujours bien installé. Tout est bien qui finit bien !

Mais pour moi, quel parcours ! En somme, depuis ma plus tendre enfance, sans y avoir particulièrement pris garde, j'ai énormément « voyagé » et bien entendu toujours pour de bonnes et belles raisons. Dantzig (dont je n'avais aucun souvenir), Israël, Los Angeles, Sydney, j'avais l'impression d'avoir parcouru tous les continents pour un dernier saut de puce final, La Varenne-Dijon via Paris et retour. Pour rien au monde, je n'aurais voulu manquer la correspondance Gare de Lyon-Gare de La Bastille. Enfin, je respirais l'air de chez moi.

Le voyage n'avait rien eu de féerique mais j'y avais gagné au moins une certitude. Je n'avais plus besoin de chercher un ailleurs, je n'en avais même plus envie. J'étais bien dans ma peau, j'étais bien dans l'hexagone. Depuis près de quinze ans et demi, la France était mon pays d'adoption. Rien ne justifiait qu'à mon tour je ne l'adopte pas. C'était bien la seule greffe familiale qui allait prendre, mon intégration serait exemplaire.

Je venais de quitter une relative aisance matérielle, un niveau social considéré comme supérieur à la moyenne, je venais de couper avec un avenir prometteur. En somme, un avenir à la « Tunsgram » dans les limites d'un commerce provincial.

Mais j'étais à nouveau parmi ceux et celles — j'avais aussi quelques copines pour lesquelles j'en pinçais un peu — qui étaient devenus les miens. Dans une ambiance chaleureuse, pleine de solidarité humaine et de sentiments authentiques.

Je ne regrettais pas d'être rentré. J'étais heureux de retrouver Henri et je crois qu'il n'était pas fâché que mon essai d'adoption se termine de ma propre initiative. J'aurais sans doute moi-même mal vécu le fait d'être renvoyé. Mon retour procédait de mon propre choix. C'était important.

Rien d'autre ne pouvait avoir autant de valeur que ce que j'ai ressenti à ces moments-là. Les sentiments ne se monnayent pas. L'argent n'a pas de prise dans ce domaine. Mais je n'étais pas naïf au point de croire qu'on pouvait vivre d'amour et d'eau fraîche. A mon sens, il fallait mettre chaque chose à sa place : chez moi, les valeurs humaines occupent la première.

Esquimaux, bonbons, vanille et chocolat, l'entracte dijonnais était fini. La représentation pouvait recommencer à La Varenne, je reprenais mon rôle de tailleur sur la scène professionnelle. Le régisseur allait frapper les trois coups, le rideau rouge pouvait se relever.

Je ne le savais pas encore, mais il ne me restait que quelques mois à passer à La Varenne, juste le temps de faire mon entrée dans le monde, pendant cet automne 1949.

Pour renflouer ses caisses, la « Colonie Scolaire » organisait des dîners et des bals de bienfaisance dans les plus grands hôtels parisiens, tel l'« Intercontinental ». Ces soirées grandioses regroupaient le gratin de la communauté israélite de Paris. Le règlement imposait aux dames d'être en robe longue. Les bijoux, eux, ne tombaient sous le coup d'aucune consigne, et ces dames rivalisaient d'élégance, couvertes de parures plus étincelantes les unes que les autres. La discrétion et la finesse n'étaient pas le fort de ces « nouveaux riches ».

Les messieurs étaient en tenue de soirée, elle aussi obligatoire, costume sombre ou smoking et, pour ne pas dépareiller le tableau, ils avaient en général l'auriculaire orné d'une énorme chevalière. Plus elle était grosse et voyante, mieux c'était !

Ces soirées de gala coûtaient très cher, mais les donateurs n'étaient pas regardants à la dépense. Pas plus pour régler leur droit d'entrée que pour participer aux ventes aux enchères qui s'y déroulaient. Nous les plus grands, les anciens de l'orphelinat, nous étions en quelque sorte les « faire-valoir », ceux auxquels les dons étaient destinés. Nos tenues étaient adaptées aux circonstances et, les bijoux en moins, elles pouvaient rivaliser avec celles de ces messieurs. Nous faisions notre entrée dans le monde avec ces « Bals des débs ». Cela valait pour les garçons mais surtout pour les filles qui pouvaient, éventuellement, trouver là le meilleur parti possible.

Notre présence répondait toutefois à des critères plus précis. Elle facilitait des rentrées financières substantielles destinées à l'orphelinat de La Varenne et au dispensaire de la rue Amelot à Paris, « La mère et l'enfant ». Le but était louable, les participants venaient pour cela et avaient suffisamment de moyens pour répondre à l'appel.

Pour nous, ces soirées étaient gratuites et on y dînait bien. Nous y perfectionnions nos qualités de danseurs et testions éventuellement celles de dragueurs. A tous égards, c'étaient de bonnes oeuvres. Les seules personnes que nous ne pouvions pas éviter ces soirs-là étaient nos patrons respectifs. Ceux d'hier, comme ceux du moment. Ils étaient presque tous membres bienfaiteurs de l'association.

Leur présence nous gênait bien un peu mais elle nous ouvrait les yeux : entre leur attitude à l'atelier et celle, nocturne, de ces fins de semaine, il y avait tout un monde.

Les jours de travail, il fallait économiser sur tout, éviter le moindre gâchis. Tout manquement à ces règles nous valait de sérieuses leçons, plus paternalistes les unes que les autres. Le salaire nous était compté sou par sou, toujours trop élevé en regard de nos compétences professionnelles. Nous ne savions jamais assez faire. Nous payer en retour était, pour eux, un vrai crève-coeur.

Les jours de gala, comme à l'époque où les semailles se faisaient encore à la main, ils avaient le geste large. L'argent, comme s'il en pleuvait, remplaçait la graine. Ils dépensaient sans compter. Certes, c'était pour la bonne cause et en plus c'était public : la surenchère faisait partie de l'ambiance. Nous n'étions plus leurs employés ou leurs apprentis, mais bien plutôt leur bonne conscience. Ce soir-là, c'était pour les bonnes causes. Dès le lundi, chacun retrouverait sa place. Il ne pouvait être question de mélanger constamment tous les genres.

Tout cela nous donnait à réfléchir. Ce double comportement avait de quoi laisser rêveur. En tout cas, cela nous permettait de mieux nous situer. Nous étions tous

Une soirée à l' " Intercontinental ".
Au premier rang, de gauche à droite :
Léa H., Nessim O., Ginette S., Raymond S., David R., Robert F., Maurice (Léon) U.
Au deuxième rang :
Le troisième en partant de la gauche : Jacques J., à ses côtés Albert Wilkowsky, une place plus loin, Henri (devant le panonceau 6).

juifs, les années précédentes nous avaient réunis, mais chacun reprenait sa place et ses réflexes de classe.

Nos employeurs, pas plus que les autres, ne dérogeaient à une règle considérée comme naturelle. Entre l'atelier et les salons de l'Hôtel Intercontinental, il y avait comme du « Docteur Jeckill et Mister Hyde » dans l'air. Leur métamorphose s'opérait sans aucune arrière pensée ni aucune mauvaise volonté. Leur comportement était tout simplement sincère !

Confusément, nous avions quand même le sentiment que notre travail, même imparfait, contribuait pour une bonne part à leur opulence.

XXIII

Nous étions en novembre, décembre 1949, à l'aube d'une année décisive. Nous allions faire un nouveau saut dans l'inconnu. Je venais d'arroser mes dix-sept ans, Henri ses dix-neuf ans. La « Colonie Scolaire » considérait que nous étions suffisamment mûrs pour voler de nos propres ailes.

Nous avions été désignés les premiers, certainement parce qu'Henri était le plus âgé de la maison et que nous allions poursuivre notre route ensemble.

Il m'est difficile de juger exactement des motifs qui ont pesé sur cette décision, mais je n'exclus pas que nos comportements rebelles aux pouvoirs n'aient eu quelque influence.

Nous étions, de toute façon, plutôt fiers d'avoir été choisis. Nous avions été élus comme les plus aptes à prendre nos destinées en main.

La « Colonie Scolaire » et le directeur de La Varenne avaient déjà beaucoup à faire avec toutes les fortes têtes qui restaient. Notre départ n'était pas pour leur déplaire. Fortes têtes pour fortes têtes, la nôtre était assez fortement posée sur nos épaules pour faire face tout seuls aux contingences de la vie quotidienne.

Il ne s'agissait pas de nous abandonner à la rue.

La « Colonie Scolaire » avait fait pour le mieux. Pour nous mettre le pied à l'étrier, elle nous avait obtenu une chambre à Paris.

Bien évidemment, nous serions toujours les bienvenus à La Varenne. Le temps, même prolongé, de nos visites éventuelles leur était parfaitement supportable. Leur rythme ne pouvait qu'être hebdomadaire !

En ce début 1950, nous nous sommes donc installés à Paris. Nous étions à nouveau chez nous. Nous allions prendre nos quartiers non pas à Belleville, mais dans le Marais, sur le quai des Célestins. Une petite chambre, ce qu'il est convenu d'appeler une « carrée », sans eau ni sanitaire. Mais nous avions une vue imprenable sur la Seine et l'Ile de la Cité, entre les ponts Marie et Sully.

Nous avions été équipés du minimum car nos maigres salaires ne nous permettaient pas de gros achats. Notre chambre était de dimensions modestes, elle cumulait toutes les fonctions. Elle était essentiellement notre « chez nous ».

Suprême privilège, nous logions dans un immeuble « classé », situé dans un îlot qui l'était également. L'ensemble était classé « insalubre » ! Ce quartier de Paris était voué à la démolition dans les plus brefs délais.

En cette époque de grande pénurie immobilière, notre « carrée » nous permettait de voir venir, le temps de trouver un nouveau logement.

Nous avions du travail, à nous de défricher le terrain, de creuser nos propres sillons, puisqu'une nouvelle page était tournée. A nous d'écrire celles qui allaient suivre, à notre convenance.

Notre retour à Paris, même dans des conditions aussi précaires, avait quelque chose d'exaltant, d'excitant.

Nous n'avions pas perdu notre accent de « titi » (plus marqué chez moi), nous redevenions de vrais Parisiens ! L'attrait de la capitale jouait comme un aimant.

Juillet 1942, Janvier 1950 ! Voilà bientôt huit ans que nous avions quitté Paris pour quelques semaines de vacances à la campagne. Près d'une décennie s'était écoulée depuis l'entrée des troupes hitlériennes sur le pavé de Belleville et du Faubourg du Temple ! Dix ans au cours desquels nous avions bien grandi et mûri.

Nous étions conscients de ne pas être les seuls dans notre cas. Nous étions même bien trop nombreux. Nous restions profondément attachés à Jacques, Robert, Léon, Hélène, Marie, Léa, Liza, etc. que nous venions de quitter. Nous les avions laissés à l'orphelinat avec un petit pincement au cœur mais nous les retrouvions régulièrement chaque fin de semaine. Ils devraient encore patienter quelques mois avant de prendre le même chemin que nous. Je crois qu'ils nous enviaient un peu.

Longtemps encore, l'orphelinat est resté notre port d'attache. Nous nous sentions bien à Paris mais nous conservions une sorte de nostalgie des années passées là-bas. Pour couper définitivement le cordon ombilical, il a fallu que les autres enfants de déportés quittent à leur tour la maison.

Petit à petit, chacun a pris sa route. Nous faisions le même travail, dans les mêmes quartiers, mais nos liens amicaux ont fini par se relâcher. Maurice — alias Léon — était resté mon copain. Nous avons traversé ensemble des moments critiques où manger à notre faim n'était pas quotidien. Nous devions en priorité pourvoir à l'alimentation de sa sœur cadette Sonia et de sa mère, qui était rescapée des camps.

A l'exception d'une toute petite minorité, nous nous sommes tous, garçons et filles, construit une vie professionnelle et familiale. Certains même qui s'étaient connus à l'orphelinat ont choisi de ne pas se séparer. Ils se sont mariés.

Pourtant, une fois livrés à nous-mêmes, il ne fallait pas grand chose pour que nos existences basculent. Une rencontre anodine, une mauvaise fréquentation, et nous pouvions devenir une clientèle pour les services de police. Nous devions assurer notre pain quotidien et si « ventre affamé n'a pas d'oreilles », il pouvait arriver qu'il ait encore moins de discernement. Ceux qui nous avaient préparés à l'autonomie nous faisaient confiance. Encore fallait-il que leur appréciation soit la bonne. La moindre faiblesse de notre part et c'en était fait de nous. Très peu de ceux qui ont vécu à La Varenne ont pris les chemins de la délinquance.

A des âges un peu fragiles, avec un statut qui nous différenciait des autres enfants et une vie collective (près de six ans quand même), privés de l'amour des nôtres, on aurait pu présager le pire pour nous. C'est tout l'inverse qui s'est produit. Nous avons très vite appris à nous situer dans la société et à nous ranger auprès de ceux qui nous étaient les plus proches.

L'antisémitisme nous avait fait mal, très mal. Nous ne voulions plus que cela recommence. Nous avons été amenés à reconnaître les groupes et les mouvements qui s'opposaient le plus résolument à toute résurgence de cette nature. A la vérité, il n'était pas très difficile de les situer. Très rapidement, nous avons constaté que les opposants les plus résolus à l'antisémitisme et au racisme se situaient chez les communistes.

C'est sans aucun doute ce qui explique que de très nombreux enfants de déportés originaires d'Europe de l'Est aient rejoint le Parti Communiste Français ou s'en soient rapprochés. Très peu d'entre eux s'en sont véritablement éloignés, même si leur jugement est devenu critique.

De notre groupe de cinq, Robert, Léon et Henri, dans cet ordre, ont donné leur adhésion au Parti Communiste Français, peu de temps après notre installation à Paris.

Robert, au cours d'un mouvement de grève dans son entreprise, a eu maille à partir avec la police. Il avait dû les interpeller avec force noms d'oiseaux. Peut-être avait-il joint le geste à la parole ? Poursuivi et recherché, il est venu se réfugier chez nous pendant quelques jours. Nous étions à l'étroit, mais nous en avions vu d'autres !... Il est resté chez nous le temps que la situation se calme et que les « forces de sécurité » retrouvent leurs esprits.

Quelques années plus tôt, des gens avaient pris de gros risques pour me soustraire aux recherches policières en me cachant. Les circonstances n'étaient pas les mêmes mais le réflexe était identique. Les souvenirs encore frais dans ma mémoire me rappelaient l'injustice et la force aveugle des représentants de l'ordre. J'étais déterminé à protéger coûte que coûte leur victime potentielle. De plus, en la circonstance, faire la nique aux gendarmes était plutôt drôle. Il n'y avait qu'eux pour ne pas en rire.

Le sentiment de rébellion habite généralement la jeunesse et nous n'échappions pas à la règle, d'autant que nous avions acquis ce sentiment un peu plus tôt que d'autres. Les événements y avaient largement contribué et nous ont sûrement aidés à nous diriger. Malgré les situations dramatiques que nous avions vécues, nous étions pleins d'espoir. Ni plus tristes, ni moins gais que ceux de notre âge, peut-être un peu plus réalistes.

Nous avions enfin l'âge — Henri deux ans avant moi — de devenir français. Nous avons aussitôt engagé les démarches.

Nous ferions notre service militaire dans les deux années qui suivraient la publication de nos décrets de naturalisation mais il faudrait attendre cinq ans pour jouir de nos droits civiques.

J'ai ainsi opté pour le drapeau tricolore bleu, blanc, rouge de ma nouvelle patrie. Elle n'était nouvelle que sur le plan administratif. La France était déjà mon pays depuis longtemps.

Quant aux couleurs, j'avais une préférence marquée pour le rouge, que j'avais souvent rencontré, côtoyé dès mon plus jeune âge. Presque un compagnon de voyage ! Les temps forts de ma vie, les temps heureux où nous avions l'espoir d'une vie meilleure avaient eu la couleur du rouge.

Le Front Populaire d'abord et le drapeau rouge que j'avais découvert pour la première fois, la main dans celle de mon père, lors d'une des grandes manifestations où nous arborions une belle cravate.

La population s'était battue pour améliorer ses conditions de vie et de travail, elle fêtait ses premiers succès comme autant de victoires sur les privilèges.

Ensuite l'Armée Rouge dont j'avais suivi le parcours, une armée porteuse de liberté pour tous les peuples qui aspiraient à la fin d'une guerre atroce, une armée synonyme de paix et d'espérance.

Enfin, la Libération et ce même drapeau rouge en tête des défilés aux côtés du drapeau tricolore des F.T.P. et des F.F.I. Ce drapeau rouge de toutes les grandes colères populaires aussi. Je l'avais toujours vu fêter ou défendre la justice pour les hommes. Je savais, pour en avoir été le témoin, qu'en toutes circonstances majeures, les communistes avaient toujours répondu présents.

Ils avaient pris très largement leur part dans les succès du Front populaire et dans l'organisation des mouvements de résistance en France ou dans d'autres pays d'Europe.

Les mouvements de résistance avaient eu le soutien et la protection de la population française, et nombreux étaient celles et ceux qui témoignaient la plus grande sympathie pour l'URSS et son Armée Rouge en particulier. Nul ne contestait le rôle essentiel qu'elles avaient joué dans la capitulation de l'Allemagne.

Ceux qui pensaient le contraire avaient choisi la collaboration. Certains même avaient revêtu l'uniforme allemand au nom d'une sacro-sainte croisade contre le communisme et le « judéo-bolchevisme ». D'autres avaient profité de la guerre et de la disette pour en tirer de substantiels profits.

Les Pétain, Laval, Bousquet, Papon, Leguay et Cie avaient choisi leur camp, celui des bourreaux hitlériens. Leur sympathie n'allait pas plus à l'Est soviétique qu'à l'Ouest allié.

Ce bref rappel de notre histoire ne vise pas à verser dans une quelconque nostalgie passéiste. Mais il convient ne pas oublier les réalités de cette époque pour mettre un terme aux tentatives de manipulation de l'Histoire, pour barrer la route à ceux qui, aujourd'hui, tentent de réhabiliter ou d'obtenir l'amnistie des condamnés jugés, en leur temps, pour haute trahison. Basse me semble mieux convenir...

De communistes, je ne connaissais qu'Henri, Robert et Léon (Maurice). C'est en 1952 que je me suis reconnu des leurs. La France était saisie du projet qui devait décider du réarmement de l'Allemagne, avec la création de la Communauté Européenne de Défense, plus connue sous le sigle de C.E.D. Les pires ennemis d'hier devenaient nos alliés, contre nos alliés d'hier, les Soviétiques. Dix ans n'étaient pas passés depuis la reddition sans condition de l'Allemagne que les initiateurs de ce traité d'alliance militaire étaient prêts à recommencer les pires aventures guerrières.

Il y avait foule ce soir là, rue Jean-Pierre Timbauld, au meeting organisé par le Parti Communiste Français. Il rassemblait tous ceux qui s'opposaient résolument à toute tentative de réarmement allemand.

Il était difficile de se frayer un passage pour accéder à la salle, trop petite pour accueillir tout ce monde. Cela faisait aussi bigrement chaud au coeur de croiser des anciens de l'orphelinat un peu perdus de vue, et de nous retrouver au coude à coude.

Intégrée à la Communauté Européenne, la nouvelle armée allemande devait, c'était prévu, être placée sous le commandement du général Speidel. Un général qui avait sévi des années durant à la tête de la sinistre Wehrmacht !

Il était invraisemblable, impossible, voire suicidaire pour nous que de telles perspectives prennent forme. Les réalités d'hier imposaient que nous restions vigilants. La fraternisation des peuples à cette sauce, non merci ! Pas pour nous, pas pour moi ! C'était se mettre sous la gorge un couteau qui avait déjà saigné tant d'innocents.

Les députés ont rejeté, en 1954, ce traité signé deux ans auparavant. Fort heureusement, la sagesse a guidé le Parlement français.

La mienne me rapprochait du Parti Communiste Français.

D'emblée, j'ai été en désaccord total avec la guerre que la France menait en Indochine. Ce pays se battait pour se libérer de la tutelle coloniale. Ma propre expérience de la guerre me plaçait du côté des communistes indochinois qui relevaient le défi pour gagner l'indépendance et la souveraineté de leur pays.

D'emblée, j'ai, dans mon for intérieur, condamné les massacres perpétrés par la France à Madagascar et à Oran au prix de dizaines de milliers de victimes. Etouffer dans l'oeuf et par la force toute velléité d'opposition au système colonial, telle était la priorité de ces guerres impérialistes.

D'emblée, après la reconnaissance de l'Etat d'Israël que j'avais applaudi sincèrement et chaleureusement, j'ai marqué mon total désaccord avec sa politique d'annexion des territoires arabes et l'installation de colons israéliens, au nom d'un prétendu nécessaire et indispensable besoin d'« espace vital » de sinistre mémoire.

D'emblée, j'ai approuvé et soutenu les revendications des Palestiniens. Ils avaient eux aussi le droit de vivre dans un Etat indépendant et souverain qui soit le leur.

D'emblée, j'ai condamné, dès novembre 1954, la guerre coloniale dans laquelle la France s'engageait en Algérie. Une guerre pudiquement, honteusement qualifiée d'« opérations de gendarmerie, de pacification, d'intégration, etc. »

Cette guerre a vraiment marqué ma détermination, mon engagement politique. Organiquement, je ne franchissais pas encore le pas, tout en reconnaissant que ma condamnation de cette nouvelle entreprise coloniale rejoignait celle du Parti Communiste Français, seule formation politique à prendre cette position. Je n'en voyais pas d'autres réclamer la paix, et le droit du peuple algérien à son indépendance.

Je ne pouvais considérer les Algériens engagés dans la lutte contre l'autoritarisme colonial comme des terroristes. La guerre qui leur était imposée les contraignait à la clandestinité, comme cela avait été le cas pour les résistants en France, quelques années plus tôt. En France, des avis de recherches de la même couleur que « l'Affiche Rouge » ont fleuri sur nos murs pendant les sept années du conflit en Algérie.

Pour la Gestapo et la Milice française, la torture était monnaie courante entre 1939 et 1945. Neuf années plus tard, elle réapparaissait de l'autre côté de la Méditerranée. Pire encore, elle n'était pas avouée, pas reconnue par les autorités civiles et militaires, mais chaudement recommandée et officiellement tolérée par le gouvernement de l'époque. Elle ne fut réprouvée à aucun moment.

Sur fond de guerre, des pires exactions contre les Algériens vivant en France (ils étaient devenus nos juifs en quelque sorte) et contre ceux qui, en France, s'opposaient à cette nouvelle guerre coloniale, c'est le coup d'Etat militaire installant le Général de Gaulle au pouvoir en mai 1958 qui a mis fin à mes hésitations.

Un pouvoir pris de force, avec la complicité, la complaisance active ou passive de civils, à Paris ou à Alger, cela ne cadrait pas avec ma vision d'un Etat démocratique. De Gaulle n'était plus le général, le chef de file de la Résistance française mais le porte-parole des ultras de l'Algérie française, de ceux qui avaient décidé que ce pays était un département français, hors de la métropole, et qu'il devrait juridiquement, administrativement le rester à jamais.

Le Général de Gaulle voulait mettre les peuples, le nôtre aussi, au garde à vous. Je ne pouvais plus rester sans rien faire. Ç'aurait été admettre le coup d'Etat Mon esprit de rébellion n'a fait qu'un tour.

Les militaires avaient pris le pouvoir ? Soit. Je prendrais autre chose, ma carte du Parti Communiste Français, pour y militer contre l'injustice.

Sans doute, l'environnement fraternel avec Henri, amical avec Maurice, (depuis quelques années nous avions perdu de vue Robert), n'était-t-il pas étranger à ma décision. Mais je n'en étais pas comme eux à la perspective d'une société socialiste. Ce qui m'a mûri, c'est la succession des conflits injustes qui se déroulaient par-delà nos frontières et trop souvent sous la responsabilité directe des gouvernements de notre pays. La suite de mon activité militante est une autre histoire...

Comment pouvais-je accorder le moindre crédit aux tenants de l'Algérie française ? Ils regroupaient des personnages restés ou devenus les figures de proue de l'extrême droite fascisante à laquelle la droite, mais aussi la S.F.I.O (devenue Parti Socialiste), disputaient le leadership de la défense d'un empire colonial établi depuis plus d'un siècle.

M'associer, même de très loin aux Biaggi, Bidault, Tixier-Vignancourt et, déjà, Le Pen, c'était pour moi inconcevable, contre nature. Ennemis de la démocratie en général, ces ultras étaient en plus mes ennemis « personnels ».

Je n'accordais pas plus de crédit à d'autres, plus modérés, qui n'en restaient pas moins favorables à l'Algérie française.

Depuis bientôt quatre ans se succédaient des campagnes d'intoxication visant à obtenir de la population française qu'elle apporte son soutien à la politique dite « de maintien de l'ordre républicain » en Algérie. « On allait voir le bout du tunnel », « On en était au dernier quart d'heure ».

Bien entendu, ces campagnes visaient à discréditer tous les opposants au colonialisme, avec le Parti Communiste Français comme cible privilégiée.

La manipulation des esprits allait bon train. Le Parti aurait en effet, aux tout premiers jours de l'insurrection algérienne, hésité à prendre une position politique claire. Le mot d'indépendance n'aurait même pas figuré en tête de ses déclarations et communiqués publics. C'était bien la preuve que l'Algérie était française !

Cela ne changeait pas grand chose à sa position de fond. Elle était d'ailleurs tellement évidente qu'il suffisait simplement d'être réservé sur le bien fondé de la guerre menée là-bas pour être taxé de communiste. Autant l'être donc, puisque j'avais décidé de défendre mes convictions.

Monsieur Gaston

Pour tous ceux, civils et militaires, qui entraînaient notre pays dans une aventure macabre, aucune hésitation. L'indépendance de l'Algérie leur était intolérable, ils ne pouvaient envisager une telle issue.

C'est donc bien la guerre d'Algérie et le coup d'état de 1958 qui m'ont décidé à rejoindre le Parti Communiste Français. La suite des événements m'a confirmé, si besoin était, que je me sentais mieux parmi ceux qui avaient fait le même choix que moi. J'avais et j'ai toujours le sentiment de ne pas m'être trompé de famille politique.

Pour l'anecdote, je dois dire qu'à cette époque, une telle adhésion spontanée au P.C.F. n'allait pas de soi. Pour qu'elle soit dûment enregistrée, il m'a fallu presque forcer la lourde porte de fer forgé du Comité Central de la Place Kossuth.

J'avais franchi un pas important, fort apprécié par Henri et les copains qui faisaient déjà figure d'anciens. Ils n'avaient pas ménagé leurs encouragements pour que je les rejoigne. Voilà qui était fait sans que je les aie informés de mes intentions. A chacun sa petite dose de fierté ! Ils auraient toujours le temps de me parrainer si nécessaire.

J'avais encore à rendre compte de ma décision à ceux que ma vie avait toujours intéressés. Je conservais d'excellentes relations avec Monsieur et Madame Gaston et leur avis m'était nécessaire. Ils n'étaient pas communistes mais Monsieur Gaston aimait nos discussions et prenait plaisir à débattre avec moi de problèmes sociaux et politiques. Nous n'étions pas souvent d'accord, pas plus hier qu'aujourd'hui; mais c'est en toute confiance que je lui ai annoncé mon adhésion au P.C.F.

Empreint de gravité souriante, son jugement m'a réconforté. La décision que je venais de prendre lui paraissait s'inscrire dans la logique des choses. Les événements que j'avais vécus m'avaient naturellement amené à cette adhésion. Toutefois, fallait-il vraiment que je rajoute à l'étoile jaune ce drapeau rouge ? Ma famille avait été déportée parce qu'elle était juive. Et moi, cela ne me suffisait pas, il fallait encore que je sois communiste. Si la bête immonde refaisait surface, elle aurait deux bonnes raisons de vouloir ma perte. « Juif et communiste, quelle aubaine pour eux. Deux bonnes raisons pour ne pas me manquer. D'une pierre, deux coups ! »

Mais mon adhésion était sincère et profonde. J'avais rejoint les rangs d'un Parti qui s'était toujours mobilisé contre toutes les campagnes racistes et antisémites. Tout compte fait, selon Monsieur Gaston, j'avais bien fait. En militant contre l'injustice, je militais aussi pour moi. Et si par malheur, on devait revivre les folies meurtrières des années 1940, c'est moi qui, à mon tour, leur assurerais aide et protection.

La réaction de Monsieur Gaston m'allait droit au coeur. Par-delà sa confiance en nous, les communistes, il rendait hommage aux victimes de la barbarie, à tous ceux qui avaient payé de leur vie leur lutte contre l'occupant, les collaborateurs et la milice.

En juin 1942, j'avais découvert l'étoile jaune. Pétain me l'avait imposée, bien en vue, comme on marque les animaux, pour bien me distinguer dans le troupeau. Cette étoile reste le seul héritage que m'ont légué mes parents. Je le conserve comme tel. Il m'est précieux.

Pour autant, je ne m'identifie pas, au travers de ce

symbole, à une religion qui m'a toujours été étrangère. Mais j'ai connu très jeune les effets de l'injustice érigée en politique d'Etat, pour la seule raison que j'étais juif. C'est contre elle que je m'insurge. Tout comme les tziganes et les communistes, j'étais condamné à mort. Et des millions d'êtres ont été exterminés à cause de leur appartenance à un groupe ethnique, à une religion ou à un parti politique.

J'ai retenu de ces années noires que l'injustice pouvait frapper à tout moment. J'en ai réchappé, mais elle demeure et je me suis engagé à la combattre sous toutes ses formes. Sociale ou économique, l'injustice est un fléau qui rabaisse l'individu, écrase des catégories entières de la population pour en privilégier d'autres. Elle est ma pire ennemie.

Partant de l'Etoile jaune, j'ai grandi au fil de ces années, guidé par un fil invisible mais bien réel. Un fil rouge, à n'en pas douter, qui m'a mené jusqu'à ce drapeau dans lequel je me reconnais. Il est pour moi le symbole d'un monde meilleur que les hommes ont à construire.

Etoile jaune et Drapeau rouge, au regard de ma vie, force est de constater que rien ne les oppose. Les deux vont de compagnie et j'estime qu'ils le font bien.

Achevé d'imprimer en Avril 1996
sur les presses des Etablissements Ciais s.a.
Imprimeurs-Créateurs à Nice

Dépôt légal 2ème trimestre 1996
N° d'éditeur 96-04